香山

高云昆·著

中国工人出版社

序 言

香山兴于李唐、沿于辽金、明清达到鼎盛。民国慈幼院，为近代首善；新中国成立前中共中央北平香山驻地，奠基了新中国。现为人民公园。

香山是个神奇的地方，钟灵毓秀、历史厚重、文脉殊胜，是中国历史进程的缩影和时代的聚焦。如山般，见证着时代更迭沧桑巨变；如水般，讲述着可歌可泣传奇故事；如树般，经年累月留下道道年轮。

香山，她给予了我一切，我也应回报于她。

初看香山，就是一座山。再重新审视她时，山依旧，水依然，春生夏长，繁华滴翠，秋收冬藏，落叶归根，四季轮回，周而复始。历经喧嚣与寂静，默默无语，任凭时光流淌，无恒也罢，有恒也罢，皆悠然自在，荣辱不惊，从容平淡。

无名，天地之始；有名，万物之母。香山因何得名？史料和坊间传说不外乎有三种：

一说源于巨石。相传香山高处有巨石状如香炉，阴雨天时云气缭绕，如香烟袅袅升空，故名香炉山，简称香山。

二说源于花香。明朝香山曾有杏树十万株，花开时节，满山雪白，十里飘香，人称“十里香雪海”，香山因杏花香而得名。

三说源于佛经。据记载，佛教创始人乔达摩·释迦牟尼出生地迦毗罗卫国都城附近有山，名香山。释迦牟尼在世时，其弟子也有在香山修行者。故《华严经》把香山名列第二，成为仅次于须弥山的佛教名山。随着佛教的传入，中国出现了多处以香山命名的佛教名山，北京香山便是其中之一。

无论何种说法，都是华夏文明“天人合一”的美好夙愿和现实期盼。我想人世间万香都抵不过“心香”，天下之香，人皆趋之，香极六触，真水无香，无香胜有香，唯有“心香”方能致远。

为什么香山有这么多人喜爱、仰慕和眷恋呢？因为她拥有让人无法抗拒的独特魅力，历代的帝王将相、文人墨客、凡夫俗子都被她所迷恋。香山不仅有幽静深邃的环境，还有通达天地的气场。山不在高，有仙则灵，世上哪有神仙，只有万物静观皆自得。香山如人，似曾相识再续前缘；如莲，清静无为自带芬芳；如松，岁寒然后知松柏后凋也。不同时节带给人不同的意蕴，只有置身于此，才能让您极其容易地体验到其中的滋味。

香山对接宇宙，对接天地，对接圣贤，让您感受到佛家之无常，道家之有常，儒家之非常；让您见证大爱无疆，日月新天，盛世清音。对任何一个人来讲，每一次来这里，总会有些许发现，那些自然含蓄的禀赋与巧夺天工的景致，对于喜爱香山的人来说，会有不同的看法和感悟，但绝不会是那种平庸的体验；而是于一丘一壑，一草一木，一花一鸟中发现无穷的奥妙，随即会找到生命的价值和心灵的归宿。

香山因山而生，因林而秀，因泉而存，因水而美。流动的溪水，晶莹柔情，是苍龙的眼泪，是现实的梦境，人间的仙境，如诗如画，令人久久不能相忘。香山紫气氤氲的山峦，古朴妙曼的山林，雍容贤达的意境，如梦如幻，令人窒息，是最接近东方审美哲学和人类宜居的精神家园。

我深感再华丽的语言只能是苍白的表述，世间许许多多的景物是无法用精准的言语来描述的，唯有不断地提高认知，才能扩大无知的边界，无知永远大于已知。对于香山，知之愈深，爱之弥坚。

本书应友相邀，借此契机，聊表对香山的心意，对她进行一次爱的表白。也借此契机，对她“画画像”，大致勾勒她的“五官”，让世人有所了解。

承蒙站在前人的肩膀上，略有所获，几有所表。本书兼顾了知识性、科普性和趣味性，以飨读者。无奈才疏学浅，写不出隽言妙语，又恐认识有限，权当对香山的一个简介吧，敬请读者斧正。

高雲昆

北京市香山公园管理处

2020 年 2 月

目录

目录

香山实为昆仑之墟，龙脉蜿蜒，太行八径。京西右臂，拱卫帝都。处西山枢纽，纽为绝也，绝地天通。层峦叠嶂，峰回路转，林幽泉澈。钟灵毓秀，神奇玄妙。藏风聚气，孕育万物，三才契合，和合为美。

第一章　鸟鸣林泉山更幽

▲ 满园春色

天下龙脉出昆仑，山脉即龙脉。昆仑山，又名昆仑丘（墟），是中国古代传说的神山，亦是中华文明的发祥地。昆仑山在中华民族的文化史上具有“万山之祖”的显赫地位，为龙脉之祖。《淮南子·坠形训》记载：“昆仑之丘……登之乃神，是谓太帝之居。”太帝即北极天帝。《山海经·西次三经》记载：“昆仑之丘，是实惟帝之下都，神陆吾司之。”昆仑者，天地之中，天地之心，滋圣生神。古人心目中，崇山峻岭是通天之处。《礼记·祭法》云：“山林川谷丘陵能出云，为风雨，见怪物，皆曰神。”

中国境内自西向东延伸出三条龙脉，北龙脉沿祁连山、贺兰山、阴山、大兴安岭、小兴安岭、长白山入海；中龙脉接秦岭、北上太行山脉，连燕山入海；南龙脉历大巴山、连巫山、雾峰山、南岭，渡海而止。在中龙脉中最著名、最有灵气的是陕西秦岭中部的终南山和北京的香山。而北京的香山隶属太行山脉，又肩负着连接北龙脉的神圣使命。

山形水系

香山位于北京西北郊西山东麓，西山又是离京城最近的山脉，大体上形成三足鼎立之形状。蜿蜒的永定河很自然地把西山分成南北两个麓段。南麓以马鞍山、潭柘山为主，海拔 800 多米；北麓主峰，在妙峰山、大云坨、黄石岭一带，海拔 1300 多米。越往东，山势越低。从北安河周家店到三家巷之间，正好连成一条 100—200 米的等高线。从这条山脉往东，世人称它为西山的东麓，山势又逐渐高了起来，到香山又分成南北两岔，北支向北延伸到望儿山到凤凰岭，南支直达西山八大处至翠微山。

西山山脉素有“神京之右臂，太行山第八陉”之称。香山位于西山东麓的腹心之地，也是西山山梁东端的枢纽部位，宛如一枚“龙珠”镶嵌在群峰起伏、延绵不断的山脉中。因连昆仑祖脉，致使香山具有神奇灵秀的先天禀赋，其峰峦叠嶂，山形独特，涧壑穿错，林木茂盛，清泉甘冽，品类繁多，景象万千。

香山主峰为香炉峰，俗称鬼见愁，海拔 575 米，南北两面均有侧岭向东延伸，南向侧岭伸展直达红山头，北面侧岭至青龙桥头，犹如两臂环抱而拱托主峰之神秀。李梦阳《香山寺》诗称“万山突而止，两崖南北抱”。这个范围内地形变化极为丰富，又多是居高临下，视野开阔。袁中道所撰《西山十记》载：“香山跨山踞岩，以山胜者也……见峰峦回曲萦抱，万树浓黛，点缀山腰，飞阁危楼，腾红酣绿者，香山也。”

香山与东面平原上的玉泉山、万寿山、昆明湖大约处在一条东西风景轴线之上。香山、玉泉山两山布之湖上，卓锡、丹泉吐之山坳，山中有水，水中有山，古迹甚多，近在几席。为平原地区少有的风景佳地，彼此之间能够互为因借，四周群山环拥，湖光山色交相辉映，松柏苍翠鸟鸣不绝于耳。

香山独特的地貌形胜是西山其他地区所无法比拟的，故而有“香山流泉茂林，一屐即有轩轩白雪之气，于西山中当据上座”“跨山踞岩，以山胜者”“盖胜境也”等美誉。香山虽不及泰山雄、黄山奇、华山险、峨眉秀、青城幽，但它却将峰岭之雄、溪泉之秀、洞壑之奇、道桥之险、林木之幽融于一体。

上善若水，人莫鉴于流水，而鉴于止水，唯止能止众止。香山的水滋养香山的万物生命，滋润着香山的心田，“西山泉脉随地涌现”“泉水自山腹下注溪谷”，因而香山之水丰沛灵动，金代就有导引西山之水至京城的打算，到元代方实现玉泉山之水以济漕运的梦想，清乾隆帝又修石渠引西山碧云、普觉之水入玉泉，汇至昆明湖。明代前香山梦感、丹砂（双清）、玉华、寿康和碧

▲ 香炉峰景

▲ 层峦叠嶂

▲ 澄怀极目

▲ 云雾缭绕

云卓锡等泉水就已举世闻名，玉乳泉则名于清代。

卓锡泉是香山北侧水源，在碧云寺水泉院内，古有“碧云寺以泉取胜”的说法。古人以称重的方法甄别水质，讲究用山泉水泡茶品茗。为证实此言，乾隆曾把天下第一泉——玉泉之水与卓锡泉水作比较，清代梁章钜《归田琐记·品泉》记载：“清凉山、白沙、虎邱及碧云寺泉各重玉泉一分，玉泉斗轻三厘。”其水流自水泉院向东入含青斋水池，向南入“能仁寂照”前放生池，向东入山门向南出寺至眼镜湖（原为饮鹿池）西坡，部分入眼镜湖，部分入见心斋，向南入昭庙前方河、再向南经暗渠入韵琴斋水池，向南迂回至勤政殿西南土山，流过明渠至勤政殿南山成瀑布注入水池，向东入月牙河，出东宫门外方河，入南线石槽。

双清是香山南部水源，泉在蟾蜍峰下，暗沟入双清水池，分两条主脉络，一条为明渠顺登山道边侧而下，入注知乐濠下方水潭，再由水潭，顺翠微亭南侧山涧蜿蜒而下，后注入静翠湖。另外一条向北入知乐濠，转暗渠，经璎珞岩叠石流入清音池内，在清音池北侧建有分水闸，一条水线入中宫虚朗斋（现香山饭店内的曲水流觞），另外一条向东，顺花岗岩御道边明渠石槽入带水屏山，经对瀑布处流入静翠湖。

香山中部有玉乳泉和寿康泉，两泉皆有水潭，存续水源，尤其是玉乳泉，节节存留，潭潭设景，石槽导引。中路的玉华

▲ 直线型引水石槽

▲ 曲线型引水石槽

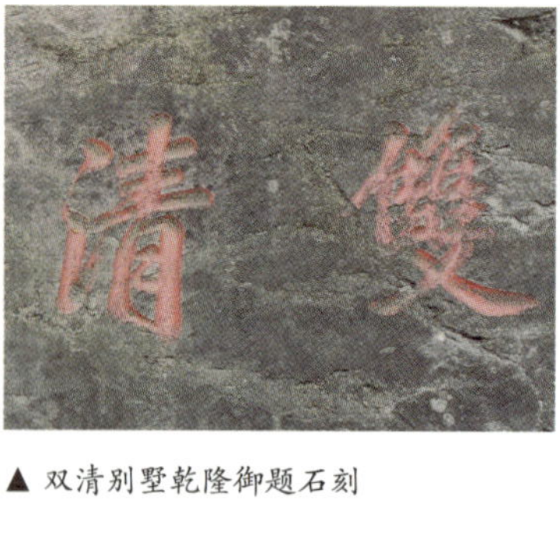

▲ 双清别墅乾隆御题石刻

▲ 璎珞岩花岗岩分水闸槽

泉则藏于玉华岫北侧山壁洞内，因水质甘甜，锶镁含量较高，故作煮茶之用。卓锡泉、双清泉、玉乳泉分别用引水石槽导引水流，其长度分别为1400延米、900延米和400延米，共计2700延米。

香山作为皇家御园中的山地园林，造园上不是简单地梳理水脉，而是与掇山叠石紧密结合，充分体现出山因水而幽，水依山而活的匠心，二者相辅相成，相得益彰。香山的泉水流于山间、山水环绕的景象营造出和谐融洽之美，而恰恰能够展现出园林艺术所追求的美感。叠山理水，水随山转，山因水活，香山的理水兼顾造景、蓄水、供水、防淤、排涝等实用功能，还营造出独特的人工景观，随形就势，引水成池，很好地诠释了园林艺术中山水相依的关系。香山重要的景点和庭院都会有水景，如双清别墅内水池、中宫（香山饭店）的曲水流觞、勤政殿南侧的叠水瀑布和东侧月牙河，还有韵琴斋的以石为琴，以泉为弦的园林妙构。

古树名木

香山峰峦叠翠、林木幽深，清乾隆皇帝御制《绚秋林》诗序曰："山中之树，嘉者有松、有桧、有槐、有榆，最大者有银杏、有枫，深秋霜老，丹黄朱翠，幻色炫采。朝旭初射，夕阳返照，绮缬不足拟其丽，巧匠设色不能穷其工。”香山的景观以植物特色见长，自古以来便是华北地区的杰出代表，而留存至今的古树名木，更以其巨大的数量与丰厚的历史人文积淀翘楚京城。

香山的古树堪称“活化石”，是香山自然资源的瑰宝。香山拥有树龄超过百年的一、二级古树 5860 余株，占北京市古树的 1/4，包括侧柏、油松、桧柏、白皮松、国槐、银杏、七叶树、皂角、元宝枫、楸树、榆树、栾树、麻栎，共计 13 个品种。

名园易建，古树难求，香山珍贵的古树名木资源具有很高的知名度与美誉度，香山的古树主要分布在所管辖的原静宜园、碧云寺、松堂三个区域。静宜园内有古树 5253 株，最为著名的有二十八景之一的“听法松”“凤栖松”“五星聚”，以及香山饭店内的“会见松”等；碧云寺具有代表性的有“三代树”“九龙柏”；松堂，清代梵香寺遗址，为华北地区最大的白皮松古树群落。

碧云寺的古树也很多，元代“碧云十景”中就有“乔松傲雪”“奇桧连阶”等古树景观，明代也有“竹树参差”“槐阴夹道”等语，万历皇帝还为碧云寺御题“苍松古柏”；清代仍有“篁木阴森”的记载。碧云寺古木众多，据统计：碧云寺内共有一、二级古树 394 株，占全寺乔木的 32%，其中一级古树 57 株，内含侧柏 7 株，位于山门殿东北侧的侧柏，最大胸径为 0.94 米；油松 6 株，位于水泉院水池旁的最大胸径为 0.8 米；桧柏 22 株，位于能仁寂照院北房前的最大胸径为 0.93 米；白皮松 14 株，位于金刚宝座塔院内的最大胸径为 0.8 米；国槐 5 株，位于山门殿外的最大胸径为 1.2 米；银杏 3 株，位于钟楼院内的 2 株胸径为 1.2 米。二级古树 337 株，内含：侧柏 237 株、油松 33 株、桧柏 32 株、白皮松 15 株、国槐 14 株、银杏 1 株、七叶树 2 株、皂荚 2 株、桑 1 株。松堂有古树 237 株，一级古树 29 株，其中桧柏 39 株、白皮松 147 株、侧柏 48 株、油松 3 株。

香山的古树名木具有空间分布的自然生境、姿态优美的山水画境、寓意深远的人文意境。在特定的历史文化场所内鲜明的特征，对于游览香山的人来说无疑是观赏性和趣味性的体现，这些方面共同构成香山古树名木资源的整体价值和人文感知。

香山的古树体现了自然遗产、文化遗产的综合特点，因此古树的景观资源部分所对应的，既有自然组成要素，又有文化、艺术组成要素。古树既有典籍、文献记载，又有诗词、歌赋赞颂，以及民间故事流传，承载着大量历史文化信息，也可以说更接近于文化景观，因此具有自然属性、观赏属性、文化属性的三大属性。

自然属性。古树的树龄越长、生长势越旺盛、干周越粗壮、冠幅越宽阔、树高越高大、芳香性越强烈，对植物区系的发展和生物、气候、地理、地质等研究越具有重要意义。并且所有的古树都在气候变化以及山林演替、环境的变迁等方面，具有不同的科学研究与科普意义。

观赏属性。在香山的古树中不乏“苍、古、劲、朴、拙”等以姿态取胜，以质感生趣者，它们有着独特的审美情趣以及绝佳的视觉震撼力，拥有优美度、奇特性极高的景观价值，在景区中具有较高的识别度，起到画龙点睛之妙趣。更有古树与周边建筑的线条、形式、色彩相得益彰者，在构图上形成强烈的画境感。这些都是其观赏特性的关键要素。

文化属性。历经百年的沧桑古树，在典籍文献、地方志、碑刻等史料中明确历史记载，与知名历史人物、政治事件或民间广泛流传的名人踪迹息息相关，在文学、艺术作品中极具文化内涵，它们不但是历史的见证，而且也使得历史文化要素成为它们重要的价值。

香山历史上消失和现存的名木景观也很多，消失的名木景观，如护驾松、松顶明珠、瘿柳、古玉兰以及元代的“修竹欺霜”。现存名木景观，如听法松、凤栖松、琼松塔影、五星聚合、九龙柏、虬柏、三代树、塔院白皮松群等。

护驾松在香山寺至山顶的路边。相传，金章宗游猎香山，不慎坠于马下，得到此株油松护驾，故封为护驾松。元、明时期，为香山八景之一，称为“护驾长松”。明代末消失。

松顶明珠在香山寺一带，《宛署杂记》记载：唐朝时种植。树冠奇特，盘生如盖。每当夜晚时分，一轮圆月，升上树顶，景致煞是好看。元著名诗人萨都剌咏此景曰：“万斛不从汇底出，一丸常向树头悬。”

瘿柳是碧云寺昔日的一株著名柳树。其体累累若负瘿而名为瘿柳，它位于碧云寺水泉院水泉池畔，以姿态绝佳而著称，明人朱长春描写它的姿态：“柳下本半皮枯，臃肿若橛、若虬鳞、若疣、上枝细如丝，青春盖亭亭，为寺中奇。”

古玉兰生在碧云寺行宫院内。1941 年，《民众报》有文章记载：“碧云寺含清斋……院有白玉兰二株，为数百年物，春初花开，极为美观，惟民国二十四年（1935 年）患旱，冬又严寒异常，花木无人维护灌养，致将树之上枝冻枯为可惜耳。”

碧云寺竹位于水泉院内，元代碧云十景诗中就有“修竹欺霜”一景赞美。明正德时出版的《宝颜堂秘籍》载：“碧云寺水泉院……其院有方亭，修竹丛丛，大有潇湘雨色。”《游西山诸刹记》中载：“（水泉院）池上有竹半亩青翠可掬。”文人朱长春还描写了竹子的颜色和数量——“皮金黄，数千百，枝葱葱，鸟噍噍者”。《北游录》中记载了它的名称，“中堂艺竹，俗名黄金间碧玉，大仅如指，北土固在乎少见也”。乾隆二十九年（1764 年）还曾御题“绿竹”“青莲”挂于碧云寺中。

听法松位于香山寺西佛殿门外，有两株古松对植。相传东晋时有位高僧讲经，因讲经义理明澈，竟使顽石感化，点头称是。清乾隆皇帝巡幸香山，见香山松柏成荫，“惟香山寺殿前有松数株，虬枝秀挺”，乾隆曾夸赞“百尺高耸，侧立回声，尤为奇古”。

会见松。全国解放前期，毛泽东及中共中央进驻香山，1949年6月8日曾于此松下会见傅作义将军，商讨北平和平解放事宜，是香山红色历史的最好见证。

冠云松在勤政殿后的柏林小区，通往香山饭店的小路边，有一株遮天蔽日的巨大油松屹立于此，龙爪般的主干枝支撑着“华盖”的树干，蔚为壮观。

并蒂松在蒙养园北主道边，山石边耸立着一株油松，同根双干，极为奇特。世间花开并蒂，情爱美满，可松结双干，绝世无双。

凤栖松在见心斋北门外石桥前，有松，其枝干枯，配上下面的松枝，酷似一只凤凰引首东望而得名。

琼松塔影在静宜园正直和平楼后，现松林餐厅前。1987年辟建知松园景区，知松取自《论语・子罕》，子曰：“岁寒，然后知松柏之后凋也。”这不就是钱穆大师说的中国的历史精神吗？宁折不弯。内有古松22株，其中两株古松同宗镜大昭之庙的琉璃塔形成借景，故名琼松塔影。

五星聚合在香山静宜园东宫门外，石桥西北侧，有五株古柏相聚在一起生长故名。

九龙柏生长在碧云寺金刚宝座塔顶部基座后，树高6米多，因树干分为九杈，树形酷似九条蛟龙空中腾舞而得名。中华民国初年，孙中山先生至此，还曾亲手去掉压在树杈上的缠绕物和积

▲ 听法松

▲ 会见松

▲ 凤栖松

▲ 并蒂松

石。这株侧柏生长点虽然很高，但长势良好，枝叶苍翠茂盛，受到重点保护，被定为一级古树。

虬柏生长在碧云寺水泉院试泉悦性山房的通道假山旁，因该树横亘南北，奇特苍古，状如虬龙，故有虬柏或小龙柏之称。光绪十七年（1891 年）洪良品在《西山游记》中载："入东苑转北，至洗心亭，亭外有栝树，交枝如虬，身盘屈而起。"似龙似篆，如门如屏。此虬柏犹如苏东坡的"枯木怪石图"绘画中的树，不知是因树成景，还是因图造景，还待后人细细品味吧！1936 年李慎言《燕都名山游记》载："徐悲鸿曾取（该树）为画材，作了一幅画，拿到巴黎卖了一万多法郎，这棵树也因之名传海外。"

三代树位于碧云寺水泉院内，是一株干径 50 厘米左右、高 17 米左右的银杏树，着生在一株干径 1 米多粗的柏木残桩中。1936 年《旧都新记》中载："水泉院，小而幽……院中有银杏一株，生于枯根间，据称初为槐、历数百年而枯，在根中复生一柏，又历数百年而枯，更生一银杏今已参天矣。"并赋诗："一树三生独得天，知名知事不知年，问君谁与伴晨夕，只有山腰汩汩泉。"给予赞之。这株银杏树被人们誉为"三代树"。

塔院白皮松群，碧云寺金刚宝座塔院内古木错列，一、二级古松柏共 140 株，占全寺古树名木的 1/3 还多。其中，一级白皮松 12 株；二级白皮松 9 株。这 21 株白皮松环绕在金刚宝座塔的周围，形成了大片白皮松林，《西山游记》记载塔院白

▲ 五星聚合

▲ 碧云寺水泉院虬柏

▲ 苏东坡绘《枯木怪石图》（局部）

皮松的形状，“塔后一小石山，古柏参天，姿态苍秀，白果松（白皮松）参差矗立仿似苍龙昂首向天”。古老的白皮松群，十几株散缀的桧柏、油松和百余株集中在塔后土丘上的松柏使得整个塔院显得庄严而肃静。

香山的岩壁上还生长着古树，经常有人问及，是先有墙，还是先有树呢？或者是问先有树，还是先有墙呢？这就跟先有鸡，还是先有蛋一样，落入无限纠结的循环中去。而香山的树，可以肯定地告诉大家，是先有墙，后有树，那是鸟吃了植物的果实，排泄“鸟粑粑”落到墙上，种子在天地雨露的滋润下，生根于墙的缝隙中，日久长成参天大树。

香山顶上为啥没有松柏？

去过香山的游人都觉得奇怪，为什么半山腰以下那么多参天古松柏，而半山腰上面却没有呢？这里有个传说，相传很久很久以前，香山这个地方，草多树少，一片荒凉。西边的山坳里住着一个姓赵的财主，他雇了个扛活儿的，叫锁子。从早到晚给他砍柴、喂猪、放羊。

有一天，锁子不小心把喂猪的瓷盆打碎了，这下可惹大祸了，赵财主又是打又是骂，整整两天没给送饭吃，还恶狠狠地说：“你要是十天之内，不把喂猪的家什儿赔上，就把你拉到山里喂狼去！”

这可把锁子难住了，到处都是荒山秃岭的，去哪儿找猪槽子呢？日子过得真快，转眼九天过去了，第十天时，锁子正坐在山坡上发愁，突然，他看见山沟里有什么东西在闪闪发光，跑过去一看是个破石槽，他喜出望外，马上把它搬到财主家的猪圈里，财主一见，有了喂猪的家什儿，只是瞪了锁子两眼，没有再说什么。

锁子提着泔水桶来喂猪，刚把一勺猪食放进石槽，转眼，就变成了满满一石槽，两头猪，怎么吃也吃不完，他觉得这事儿有点儿怪，但暗暗在心里琢磨开了，放一勺儿猪食就能变成一槽子，要是放两个铜钱儿呢，想到这里，就把身上仅有的一枚铜钱放进了食槽里，说来也真奇怪，转眼间就变成了七八个，过了不大一会儿就变满了一槽子。“呀，原来这石槽子是个聚宝盆呀！”锁子高兴得差点叫出声来。

话说，到了年底算工钱的时候，锁子不要钱，不要粮，单单就要猪圈里的那个石槽子。赵财主想，一个破石槽子能值几个钱，于是就点了头。

当天下午锁子就背着石槽子下了山，因为石槽子太重，他走到半山腰就走不动了，看着天已经黑了，坐着就挖了个坑儿，把石槽子埋好，想等第二天再来背，他怕忘了地儿，就顺手从路边折了一支松枝和一支柏枝插在上面做记号。

第二天早晨，天刚亮，锁子就爬上了山，他抬头朝四下一看，愣住了。你猜怎么着，一夜之间，光秃秃的山上长满了参天的松柏树，一片翠绿。哪还分得清石槽子在哪棵树下埋着呀，他找呀找呀，整整找了七七四十九天，也没找到。

没过多久，这个事就传到了皇帝那里，他一听说香山上埋着个聚宝盆，就马上派了许多人来找。谁知，这帮人把山都翻了个遍，连聚宝盆的影子也没找到，皇帝一气之下，命人把山顶上的松柏树全都砍光，所以到现在香山的半山腰以上都没有松柏树。

故事情节有些虚构。真实情况是这样的，香山古树大多集中在海拔400米以下，且生长在古建遗址周边，不是对植，就是列植，或攒三聚五地散植，都是有一定规律的。此外，还有一个共同的特点，就是在主要建筑群的中轴线端点处，总会种有一株树作为建筑轴线延伸，形成视觉收点，它就成为人工建筑与自然界的完美过渡。如香山寺后苑山坡上的磨盘松，见心斋后面亭子边上的古油松，碧云寺金刚宝座塔上的九龙柏，但九龙柏为什么不作为轴线视觉收点种到山坡上呢？这里面的秘密，就是营建者不想破坏后面聚宝山的大风水。

香山红叶

唯有香山真绝色，飘丹时节动京城。千百年来，香山因红叶而闻名遐迩，红叶因香山而闻名天下。历朝历代，红叶总是帝王将相、文人墨客、曲艺名流游赏吟咏的对象，正是这些美丽的诗篇、优雅的文字，让我们见证了香山红叶悠远的历史。

每至深秋，层林尽染，峦峰披红，壮观秀美。早在金代就有

“山林朝市两茫然，红叶黄花自一川。野水趁人如有约，长松阅世不知年”的赞美诗句，明人谢榛用“殿凭千顶树，地矗半天霞”的诗句予以讴歌。清乾隆十年（1745 年）营造静宜园时，还将观赏红叶的最佳景点作为园内二十八景之一，建成“绚秋林”景观，并题诗“嶂叶经霜染，迎晖紫翠纷。绚秋堪入画，开锦恰过云”。老一辈革命家陈毅也在此留下妇孺皆知的“西山红叶好，霜重色愈浓”的诗句。

1948 年深秋，著名画家张大千、徐悲鸿与书法家谢稚柳等人到香山观赏红叶。他们沿着十八盘登上白松亭，纵目满山红叶，不禁吟起杜牧的名篇《山行》，并在山上合影留念。

十月的京城，秋高气爽。在此时节，香山红叶最为有名，它为京都装缀了灿烂的色彩。如果说北京的秋天是人间的天堂，那么香山的秋天就是人间仙境。秋游香山观赏红叶，已经成为京城乃至全国人民的“打卡地”。特别是霜秋时节，人潮涌动，十万余株黄栌在山坡上姹紫嫣红、如火如荼，杂以其他树木，丹黄朱翠，构成了香山独特的自然景观，形成了一个五彩缤纷的大千世界。香山红叶的主要树种是黄栌，漆树科，五六月份开花，久留不落的花梗呈淡紫色羽毛状，在枝头如云似雾，远望犹如万缕罗纱缭绕林间，亦称“烟树”。

叶子为什么会变红呢？原来，霜秋时节，由于天气变冷，昼夜温差变化大于 10℃时，叶子中的叶绿素合成受阻逐渐破坏或消

▲ 香山岩柏

▲ 香山红叶——黄栌

▲ 香山秋色

失，而叶子中的胡萝卜素、类胡萝卜素、叶青素、花青素等逐渐显露，使含叶黄素、胡萝卜素较多的叶子，开始变黄；含花青素较多的叶子，则渐渐地由绿变浅绛、金黄，最后成为嫣红鲜丽的红叶了，有时由于叶黄素、胡萝卜素和花青素的配合，还能使一部分叶子呈现橘黄、橙、橙红等美丽色彩。此外，香山还有许多秋色植物，红叶还有很多种，如：五角枫、三角枫、鸡爪槭、火炬树、柿树、乌桕等。

香山植物

香山植物丰茂，长势良好，绿化覆盖率达95%以上，共有苔藓植物8科、13种；蕨类植物6科、7种；种子植物73科、317种。其中，木本小灌木24种、草本植物209种、藤本植物14种；属自然野生的229种，引进栽培18种。

香山的生物多样性、自然野生地被和乡土植物，构建了完美的香山群落结构，不仅涵养水源、降尘防风、吸收有害气体，还释放大量的氧气，使区域内的负氧离子远高于城区。尤其雨后置身山林，林间弥漫着泥土和芳草的清香气息，沁人心脾，每一次呼吸都觉得自己的身心被洗涤了一次，令人忘却了时间，忘却了自我，与山林融为一体。

香山的植物群落形成了自身的物质循环、能量流动和信息的传递。种群的繁衍，离不开信息的传递，同时信息还调节生物种间的关系，维持香山生态系统的稳定。

在香山会看到一些树干上有结瘤，或被表皮完全包裹，或部分包裹，隐约间会发现断口，那是树体自愈的表现。但是在它们的地下，还存在着另外一个鲜为人知的秘密世界，就是香山树木的“根系社区”，它们并不是沉默无语，而是和我们人类一样拥有感情，彼此交流。此外，它们还拥有感觉，会感觉到疼痛，会用特殊的言语进行不为人知的社交，通过彼此交流，感知着对方的需求。

“根系社区”里的树木拥有大得惊人的词汇量。当你穿行于山林时，你的脚下有千百个谈话正在进行……但你一个字也听不见，因为树木不是通过语言，而是通过特殊的电脉冲信号进行交流的，正如人类的神经系统一样。在土壤下面，树根沿着水平方向伸展开来，伸展的宽度至少和树的高度一样。

“根系社区”里的树根是向侧面延展，相互缠绕在一起，构建起与周围其他树木的联系。树木不仅能向它周围的树木发送电脉冲信号，并且还可以转述信息，即使有许多树把它们分开了，它们仍能彼此交流。根的这种相互连接网，被称为“树木万维网”。山林的树木是一个单独的生物有机体，有时各种各样的真菌也加入进来，把它们自己连接到这个基于“根系社区”的社交网中与树木进行沟通。

那么树木之间到底在说些什么呢？通常是“给我一些食物吧，伙计”。当一些树木，在某些养分上获取不充足时，而那些成分正是他们生长所必需的，例如氮、磷、钾及微量元素之类的东西。他们会把请求发到“树木万维网”中，最近的一棵拥有多余的那几种养分的树会作出回应，把所需元素送给那棵发出请求的树。

它们是怎样传送这些养分的呢？是通过树根进行的。这些了不起的“生物高速公路”，不仅是一个“通信网”，还可以把许多自然元素，传遍整个树林，向外平均分配资源。树木甚至还彼此照顾。如果它们注意到某棵树没有得到足够的阳光，那么它们就会慢慢地重新摆放自己的树枝。这样一来可以让额外的光线通过，把更多的维生素和养分，传递给那棵老去的树或生病的树，使它们能从邻居那里得到额外的关爱。如果那些树是不受欢迎的，它们甚至可以选择，让自己的根与某些树木的根分开，例如那些枯死的，腐烂的树。

树木和其他植物都不太可能感觉到真正的疼痛，因为它们缺乏感受知觉所需的神经，但是它们确实拥有自己的个性。有许多善良的树，它们会竭尽全力帮助其他的树木，它们知道帮助别人就是在帮助自己。地下的交流在地上也有所展现，如见心斋北侧连廊的坡道台地上有三株树木，因历史原因，修建坡道时导致地下根系受损，虽然紧邻道边，却屹立不倒。它们通过断损的根系，

▲ 春意盎然

▲ 盛夏金莲花

▲ 见心斋三树相搭

▲ 知松园元宝枫

进行交流，传递信息，改变地上枝干的走向，让一株侧柏的侧干搭靠在国槐的侧干上，又让国槐的侧干搭靠在桧柏的侧干上，呈现水平搭靠的状态，通过侧干的相互支撑、相互帮扶，它们不离不弃，共沐风雨，共同生长。

香山的树木还有模仿的特性，当丛林中一株黄栌改变自己的外貌时，其他黄栌树几乎在同一时间也让叶子飘落，它们完美地同步起来与伴共舞。香山的树木也拥有数数的能力，它们一起数着逝去的日子，记录下每年整个春、夏季共有多少个温暖的日子，在冬季里同样记录下有多少个寒冷的日子，它们在树林里彼此分享这些感受和知识，根据这些感受和知识，确定在来年最佳的时间抽枝展叶、绽放花蕾、随风飘舞和期盼希冀。

香山鸟类

香山独特的山林环境，大自然的阳光雨露营造了适宜的小气候，孕育栖息着多种鸟类。徜徉在山林间，伴随着登山的脚步，总能听到鸟鸣之声，不经意间看到它们扑棱着翅膀，从你头顶掠过，或伫立在枝头，或盘旋在山间，或在溪边饮水，或在草丛觅食。它们是这片山林上空的精灵，是自由和美丽的化身，它们自由自在，在苍穹中翱翔，在山林间飞梭，通过独特的鸟鸣、鸟语、鸟姿告诉你香山的神妙与传奇。

在香山栖息的鸟类分为留鸟和候鸟两大类。每日清晨，留鸟在林间歌喉婉转，鸣声不绝，待到候鸟来时，与留鸟共同奏响香山“交响乐”。留鸟类有环颈雉、寿带鸟、山斑鸠、戴胜、长耳鸮、鸮、雀鹰、喜鹊、画眉、麻雀、棕头鸦雀、白脸山雀、沼泽山雀、斑鸠、八哥、红嘴蓝鹊、灰喜鹊、斑啄木鸟、苍鹰、雀鹰、鸢、鹌鹑等；候鸟类有北朱雀、夜鹭、大杜鹃、锡嘴雀、红交嘴雀、太平鸟、黑尾蜡嘴雀、黄雀、池鹭、灰伯劳、红胁绣眼鸟、黑枕黄鹂等。

环颈雉，俗名雉鸡、山鸡、野山鸡、七彩山鸡等，通常被称为“野鸡”。环颈雉喜爱隐藏在茂密的灌木丛间，在冬季，透过灰色的枝干，它们鲜艳的羽毛着实让人眼前一亮，等你想再关注它时，它发出“咯咯咯”的叫声和两翅“扑扑扑”的鼓动声，已消失得无影无踪了。

寿带鸟，头颈、羽冠带有金属般的深蓝光，簇冠羽随鸣叫声耸起，其余部分为白黑羽条纹，色彩分明；超出身体五倍长的两根尾羽，甚为飘逸，形似绶带，故名寿带。传说寿带鸟是“梁山伯与祝英台”的化身，它的叫声吉利，音调似“求福、求福”，寓意着幸福长寿，象征官运亨通。

顶着羽冠的戴胜，又名胡哱哱、花蒲扇、一把扇、山和尚、鸡冠鸟等，头顶有醒目的羽冠，平时倒伏不显，直竖时像一把打开的折扇，随同鸣叫时起时伏，嘴细长往下弯曲。戴胜鸟名，因其羽冠华丽，戴玉琢之华胜，在《山海经·西山经》中有“西王

▲ 戴胜

▲ 蝴蝶

▲ 松鼠

▲ 蜜蜂

母其状如人，豹尾虎齿而善啸，蓬发戴胜”的记载。

惹人喜爱的灰喜鹊，头和后颈为亮黑色，背上为灰色；翅膀和长长的尾巴呈天蓝色，下体呈灰白色。在香山中，数只一群，穿梭于树林间，不喜久留，似游击式组团活动，骤然成群飞向这里，又突然飞向别处。不畏惧游人，但遇惊吓时一哄而散。它那“嘎——唧唧唧唧！嘎——唧！嘎——”的清脆鸣叫，甚为喜人。灰喜鹊以蟥象、金花虫、螟蛾、花蝇等昆虫为主要食物，兼食乔灌木的果实及种子。据科学统计，一只灰喜鹤一年可消灭松毛虫15000条左右，因此，它们还是保护香山植物的医生呢！

世间还流传鹊噪狱楼、喜鹊报喜的传说。唐朝贞观末年，有个叫黎景逸的人居住在空青山。黎景逸为人厚道、心慈面善，正好屋边树上有鹊巢，他每次吃饭时，都用饭食来喂饲喜鹊。后来邻居家丢失了布匹，诬陷黎景逸偷盗，无奈被冤枉入狱一个多月，他备感苦闷。一天，那只喜鹊飞到狱楼上，看望黎景逸，在狱窗前欢叫个不停，仿佛在传递什么好消息。果然三天后，他被无罪释放。原来是那只喜鹊化身为人，玄衣素衿，假传圣旨，帮助恩人脱难，报答饲养之恩。

中国人钟爱喜鹊，还有极为浪漫的传说。相传牛郎和织女被银河隔开，只被允许每年七夕（农历七月七日）才能相见。鸟神被牛郎织女真挚的爱情所感动，为了让牛郎和织女相会，七夕当日，派遣天下所有的喜鹊，让它们用身体紧贴着，搭建了一座跨越银河的鹊桥，牛郎和织女得以在鹊桥相会。《风俗通》载：“织女七夕当渡河，使鹊为桥。”

两情相悦的画眉鸟，上体呈橄榄色，头顶至上背呈棕褐色并具黑色纵纹，眼圈白色，并沿上缘形成一窄纹向后延伸至枕侧，形成清晰的眉纹，极为醒目。下体呈棕黄色，喉至上胸杂有黑色纵纹，腹中部为灰色。虹膜为橙黄色或黄色，上嘴黄灰色，下嘴橄榄黄色，跗跖和趾黄褐色或浅黄色。画眉鸟终年固定地生活在香山的林区内，不善远距离飞翔，不愿往远处迁徙。它们喜爱清洁、讲卫生，一年四季几乎每天都要洗浴，尤其喜欢在溪水洗浴，既机灵又胆怯，且好隐匿，常常在密林中飞蹿而行，或立于茂密的树梢间鸣叫，雄鸟在繁殖期极善鸣啭，声音洪亮，歌声悠扬婉转、悦耳动听和富有变化，尾音略似“如意如意”。

画眉鸟名称的由来，还有个美丽的传说。相传在春秋时期，吴国灭亡后，范蠡和西施为了避免被越王勾践杀害，隐姓埋名，隐居于德清县的蠡山下一座石桥附近。每天清晨和傍晚，爱美的西施都要到附近的一座石桥上，以水当镜，照镜画眉，把两条眉毛画得弯弯的，格外好看。

一天，有一群黄褐色的小鸟飞过石桥，来到她身边不停地“呖呖”欢鸣着。它们见西施在画眉，越画越好看，于是便互相用尖喙画对方的眉毛。不多时，它们居然也“画”出眉来了。

范蠡见西施画眉时总有一群小鸟在陪伴着她，好生奇怪，便问西施："这群小鸟，似乎和你结下了不解之缘，不知叫什么名？长得这样好看，叫得这样好听！"

西施笑答："你没有看见吗？我画眉，它们也画眉，它们都有一双美丽的白眉，就像用笔画上去似的。不管是什么鸟，我们就叫它'画眉'吧！"

由于西施这样称呼这种小鸟，于是，"画眉"这个美称就自此世代相传，并一直沿袭至今。

宋代欧阳修《南歌子·凤髻金泥带》云："凤髻金泥带，龙纹玉掌梳。走来窗下笑相扶，爱道画眉深浅入时无。弄笔偎人久，描花试手初。等闲妨了绣功夫，笑问鸳鸯两字怎生书？"在这首词中，"画眉"有了比喻夫妻举案齐眉，执子之手，与子偕老之意。香山成双成对的画眉鸟，不正是人间感情融洽的一对对夫妻吗？

树木医生啄木鸟，嘴强直如凿，舌长而能伸缩，先端列生短钩。它们不像别的鸟儿一样是站立在树枝上的，而是攀缘在直立的树干上的。啄木鸟的脚稍短，具 4 趾，2 趾向前，2 趾向后；尾呈平尾或楔状，尾羽大都 12 枚，羽轴硬而富有弹性，在啄木时支撑身体。有力的爪子抓住树干不至于滑下来，还能够在树干上跳动，沿着树干快速移动，上下跳跃，或者向两侧转圈爬行。

春天到来之际，雄啄木鸟会发出响亮的叫声，那是它们在伸张自己的地盘，警告他人不得侵犯。雄鸟在求爱时，会用自己坚硬的嘴在空心树干上有节奏地敲打，发出清脆的“笃笃”声，以此来吸引雌鸟。啄木鸟每天敲击树木500—600次，还不会得脑震荡，正是缘于其头部有三层防震装置，结构疏松的头骨充满空气，可以起到减震的作用，安全帽的设计也正是应用了此原理。

香山空中霸主苍鹰，作为香山鸟类食物链上端的物种，属于中小型猛禽。体长可达60厘米，翼展约1.3米。头顶、枕和头侧呈黑褐色，枕部有白羽尖，眉纹为白杂黑纹，背部棕黑色；胸以下密布灰褐色和白色相间的横纹，尾灰褐色，有4条宽阔黑色横斑，尾呈方形。飞行时，双翅宽阔，翅下白色，但密布黑褐色横带，雌鸟明显大于雄鸟。

它们白天活动、性甚机警、亦善隐藏、视觉敏锐、善于飞翔，能利用短圆的翅膀和长的尾羽来调节速度和改变方向，在林中或上或下，或高或低穿行，或在上空飞行或沿直线滑翔，窥视地面动物的活动。苍鹰以山林中的鼠类、野兔、榛鸡、鸠鸽类和其他小型鸟类为食，一旦发现猎物，迅速俯冲，直线追击，用利爪抓捕猎物。

坊间有个传说，说鹰的寿命能够达到70年，但是在40岁左右的时候，爪子开始老化，不能抓住猎物，喙变得又长又弯，严重阻碍进食，翅膀的羽毛浓密厚重，不利于飞翔，它要经历非常痛苦的蜕变过程，只有熬过去了，才能涅槃重生，否则只有等待死亡。

但在现实世界里，据科学统计，不管是野生还是饲养的苍鹰、秃鹫、金雕等鹰类，生理寿命也就40年左右。传说可能是个美丽的谎言，但励志的故事、拼搏的精神，激励了一代代有为之士，如人四十不惑之际，要么安于现状，浑浑噩噩，等待着归期；要么潜心修行、砥砺前行，再创辉煌。

很多鸟类具有依照不同的季节，在不同的纬度进行迁飞的习性。夏季来临的时候，它们飞到纬度较高的温带地区繁殖，冬季的时候则在纬度较低的热带地区过冬。夏末秋初之时，它们由繁殖地往南迁飞到越冬地，而在春天的时候由越冬地向北返回到繁殖地。这些随着节气变化而南北迁飞的鸟类就称为候鸟。

香山茂密的山林和充沛的溪水，为候鸟提供了得天独厚的栖息地，成为候鸟首选的停留之地。尤其是在秋季，北朱雀、黑枕黄鹂、池鹭、太平鸟、黄雀、沙燕等很多候鸟都在此栖息。

北朱雀，雄鸟额前头及喉均呈银白色，具粉红色羽缘，呈鳞片状，头顶余部及后颈为粉红色，背灰褐而羽缘粉红，具较宽黑色羽干纹，腰和尾上覆粉红色，尾羽黑褐色，外羽片具粉红色边缘。飞羽黑褐色，具棕白沾粉红边缘，翅上覆羽具近白沾粉红的宽阔羽端，形成两道横斑。下体均呈粉红色，下腹近白；腋羽及尾下覆羽白，染粉红色。

雌鸟头顶、头侧为灰褐色，羽缘粉红色，各羽具黑褐色羽干纹，背灰褐，杂以粉红色，尾羽外羽片棕白色。下体棕白，杂以较明显粉红色，具黑褐色羽干纹，余者和雄鸟相似。虹膜呈红色，嘴棕褐色，脚深灰褐色。北朱雀以家族为群进行迁徙，不畏惧人，绝美的羽色，悦耳的鸣声，宛如北方飞翔的精灵，被世人誉为北方神明的化身。

美音歌唱家黑枕黄鹂，它外形大小和金黄鹂相似，体长23—27厘米。通体金黄色，两翅和尾黑色。头枕部有明显的黑色带斑，向两侧延伸和黑色贯眼纹相连，形成一条围绕头顶的黑带，在金黄色的头部甚为醒目。雌雄羽色相似但雌羽较暗淡，喜集群，常成对在树丛中穿梭，体色艳丽，叫声悦耳。黑枕黄鹂属于夏候鸟，部分为留鸟，通常每年4—5月迁来中国北方繁殖，9—10月南迁。

在5—7月的繁殖期里，雌雄黑枕黄鹂在香山的林丛间飞翔，寻找最适宜的营巢地点，当巢位选定后，分别站在巢区内不同的树上对鸣，仿佛在商议着筑巢方案，极为有趣。成双成对或在空中飞翔，或同栖于一处，此时若有别的黄鹂入侵，会立即飞起攻击，直到将对方赶出巢区为止，领域性极强。

它们的鸣声清脆婉转，还能变换腔调模仿其他鸟的鸣叫，经常边飞边鸣，飞行呈波浪式。所以，黄鹂就深受文人墨客的喜爱，如杜甫《绝句》中的“两只黄鹂鸣翠柳，一行白鹭上青天”，白居易《钱塘湖春行》中的“几处早莺争暖树，谁家新燕啄春泥”，以及欧阳修《啼鸟》中的“黄鹂颜色已可爱，舌端哑咤如娇婴”等。

香山白鹭来得少，记得十几年前，成群的白鹭飞到碧云寺塔院，伫立在白皮松林上，与汉白玉的金刚宝座塔和松树皮的颜色交相辉映，蔚为壮观。在香山偶见池鹭，系典型涉禽类，体长约47厘米，翼白色、身体具褐色纵纹，池鹭的部分种群为留鸟，部分迁徙，常与夜鹭、白鹭等一起组成巢群，性不甚畏人。白昼或黄昏活动，在水边或浅水中，用嘴飞快地攫食，通常无声，争吵时发出低沉的呱呱叫声。

如果运气好的话，冬季在香山还能见到太平鸟的身影，它全身基本上呈葡萄灰褐色，头部色深呈栗褐色，尤其头顶有一细长呈簇状的羽冠，甚为显眼，黑色贯眼纹从嘴基经眼到后枕，位于羽冠两侧，在栗褐色的头部极为醒目，颏、喉黑色，翅具白色翼斑。它们成群活动，飞行时鼓动两翅急速直飞，没有固定的活动区，在山林里到处游荡，以植物的果实、种子、嫩芽为食，体态俊美、鸣声清柔。

林间的黄色闪电黄雀，上体和腰黄绿色，翼斑和尾基两侧鲜黄色，两翅和尾黑色。雌鸟头顶与颏无黑色，具浓重的灰绿色斑纹，上体赤绿色具暗色纵纹，下体暗淡黄，有浅黑色斑纹，雄鸟飞翔时可显示出鲜黄的翼斑、腰和尾基两侧。黄雀的虹膜近黑色，嘴为暗褐色，下嘴较淡，腿和脚也都为暗褐色。春秋季迁徙时有集成大群的现象，性不大怯疑，但在繁殖期非常隐蔽，经常一鸟先飞，而后群体跟着前往，飞行快速，直线前进。

香山以自然景观为主，富有浓郁的山林野趣，野生动物较多，清乾隆皇帝非常喜爱这里的山色。有一年秋日，乾隆来香山，看见路边有不少出售山雀、野兔、松鼠、山鸡的商贩，深感不悦，驻跸静宜园后便让随行的扈从到街上买回所有的山鸟，待到扈从把山斑鸠、红嘴山雀、朱雀、锡嘴雀等山鸟呈到乾隆面前时，乾隆怒形于色："山林野趣尽在翠鸟而鸣，捕入笼中，山趣何有？"遂命将笼中之鸟尽数放掉，让其回归山林，并传香山健锐云梯营掌印大臣觐见，令左右两翼各旗兵丁巡山，查办捕杀山中鸟兽之徒。

在香山南部山区森玉笏附近，经常会看到松鼠，拖着毛茸茸的大尾巴机警、灵活地在树枝上跳跃，或抱着松果啃食，不停地用锋利的爪子在坚果上留下一道道划痕。遇到游人时，待你刚反应过来，它忽而瞬间遁逃，当你拿出坚果类食物，放在地上，稍微远离时，它则会试探性地返回，警惕地接触食物后，口衔食物迅速逃走。

无论春夏秋冬，太阳刚一出来，松鼠就开始活动了，它们辛勤地在林间跳跃、寻找食物，遇到大风、暴雨和严寒酷暑，则会偷偷地躲起来，等待着时机。独行侠的松鼠会把尿液和下颌腺的分泌物涂抹在树干和树枝上，以标记领域。它们在树枝间的跳跃路径也极为规律，当要达到目的地时，会沿着相同的轨迹前行，往往也会沿着同样的轨迹回来。

每当天气转凉，树叶变黄，松鼠就开始着手准备储藏越冬的粮食了。它们会采取分散型囤积法，把不同食物分别储存在不同的地方，防止其他饥饿的竞争者发现埋藏点，偷食其食物。松鼠不仅拥有灵敏的嗅觉，还拥有超强的大脑，能够以巢穴为坐标，记住周围环境中的所有空间线索，通过辨别树木，测量树、巢穴和储藏食物之间的距离，随时取食。

香山蝴蝶

八九月份，在林间的山路上，穿过枝叶的阳光把青石路面装扮得五彩斑斓，处处透着一份惬意和悠闲。香山的蝴蝶，姿态优美地伴随着你的脚步，翩翩起舞，追逐着阳光，飞向心中的自由。

北京地区现有蝴蝶共 8 科，共 170 余种，香山拥有 7 个科的蝴蝶，共 57 种。其中，观赏价值较高的有 25 种左右。蝴蝶翅膀上丰富多彩的图案，令人赞叹不已。但是，它们多彩的翅膀不仅仅是为了让游人大饱眼福，五彩缤纷的颜色还有隐藏、伪装和吸引配偶的功能。

凤蝶科是蝴蝶中形态最美的一个科，在北京地区共 5 种。

香山的南山最常见的是丝带凤蝶，又名马兜铃凤蝶，翅展 42—70 毫米，雌雄异色，雌蝶深色，雄蝶黄白色，间有红蓝条纹，翅面细薄如绢，尾突细长宛如飘带，飞行轻缓优雅，具有极高的观赏价值。香山的花椒凤蝶，翅展 90—110 毫米，翅浅黄绿色，脉纹黑色，尾部有橙色圆斑和蓝色斑块，尾尖较大，为木槌形；金凤蝶，大小、形态如花椒凤蝶，仅翅面颜色差异较大，为金黄色或土黄色，尾部圆斑较明显；碧凤蝶，翅展 52—60 毫米，体翅均黑色，布有蓝色及绿色亮鳞，公园偶有发现；绿带翠凤蝶，数量较少，翅展 80—130 毫米，体黑色形似碧凤蝶，区别主要在于前翅表面鳞片为鲜艳的金绿色，下翅呈蓝绿色并带有金属光泽，尾斑为较明显的红色弦月形。

粉蝶科共有 7 种，分别是小菜粉蝶、褐脉粉蝶、绿斑云粉蝶、花斑云粉蝶、黄襟粉蝶、角钩粉蝶、锐角钩粉蝶。

眼蝶科共有 8 种，分别是蛇眼蝶、莎草眼蝶、珍珠眼蝶、矍眼蝶、东亚矍眼蝶、小矍眼蝶、蒙古酒眼蝶、白眼蝶，其中白眼蝶观赏价值较高，数量少。

蛱蝶科共有 24 种，分别是拟带蛱蝶、单环蛱蝶、双环蛱蝶、小环蛱蝶、重环蛱蝶、捷豹蛱蝶、灿豹蛱蝶、蟾豹蛱蝶、老豹蛱蝶、银豹蛱蝶、裴豹蛱蝶、罗网蛱蝶、白钩蛱蝶、大红蛱蝶、小红蛱蝶、孔雀蛱蝶、黄钩蛱蝶、白钩珠蛱蝶、师蛱蝶、柳紫闪蛱蝶、红星蛱蝶等，其中豹类蛱蝶、大红蛱蝶、小红蛱蝶、孔雀蛱蝶、环类蛱蝶、红星蛱蝶具有较高的观赏价值。

灰蝶科共有7种分别是蓝灰蝶、琉璃灰蝶、迁洒灰蝶、中华黑灰蝶、闪蓝灰蝶、铜灰蝶、橙灰蝶。

喙蝶科，北京只有1种，而香山就有朴喙蝶。朴喙蝶翅展42—49毫米，下唇须很长，伸在头的前方，体小，观赏价值小，但标本价格不菲，且名气较大。

弄蝶科共有6种，分别是花弄蝶、大环弄蝶、黑弄蝶、带弄蝶、小赤者弄蝶、山地谷弄蝶。

看到香山的蝴蝶，不禁让人想起庄周梦蝶的典故。战国时期道家学派主要代表人物庄子，亦称庄周，在其《庄子·齐物论》中有一段妙语："昔者庄周梦为蝴蝶，栩栩然蝴蝶也。自喻适志与！不知周也。俄然觉，则蘧蘧然周也。不知周之梦为蝴蝶与？蝴蝶之梦为周与？周与蝴蝶则必有分矣。此之谓物化。"

那时庄子还是漆园吏，常在住处冥想。有一天，他做梦梦见自己变成了蝴蝶，梦醒之后发现自己还是庄子，于是他不知道自己到底是梦到庄子的蝴蝶呢，还是梦到蝴蝶的庄子。庄周化为蝴蝶，从喧嚣的人世走向逍遥之境，是庄周的大幸；而蝴蝶化为庄周，从逍遥之境步入喧嚣的人世，恐怕就是蝴蝶的悲哀了。

在这里，庄子提出了一个哲学问题——人如何认识真实。如果梦足够真实，人没有任何能力知道自己是在做梦。一个人在醒时的所见所感是真实的，梦境是幻觉，是不真实的。庄子却以为不然，在他看来，这些都只是一种现象，它是一种状态，一个阶段而已。庄子在用一个最简单的寓言来说明一个人类最沉重的话题，即生死问题。庄周梦蝶深刻的意蕴，浪漫的情怀和开阔的审美想象空间受世人的喜爱，来香山与蝴蝶伴舞，不就是“身似庄周，梦中蝴蝶、花底人间世”的人生如梦、物我两忘的逍遥之游吗？

香山蜜蜂

每当春季山花烂漫时，蜜蜂就蜂拥而至，采集着各种山花的花蜜，香山则成了它们的最佳蜜源地。尤其是在夏季，糠椴路上的椴花盛开，垂丝般黄黄的花瓣，透着浓香，扑面而来，令人陶醉。蜜蜂快速扇动翅膀，嗡嗡作响，辛勤地采集着椴蜜，忽而在这朵，忽而飞向那朵，黄色的躯体与椴花融为一体，不飞动，不发响，还真以为是椴花呢！

香山的蜜蜂属于中华蜜蜂，为中国独有的蜜蜂品种，有着7000万年的进化史。它飞行敏捷，嗅觉灵敏，勤劳质朴，拥有东方人的品性。蜜蜂为植物授粉，促使植物繁衍下来，丰富了物种，为人类的生存和发展做出了贡献。它是地球生物圈的守护神，它的种群数量与生态环境息息相关。

蜜蜂为社会性昆虫，群体由蜂王、雄蜂、工蜂等个体组成。

蜂王的社会分工就是专职产卵，肩负着繁衍后代的社会重任。它的身体发展得很健壮，大腹便便，体重是工蜂的两倍，失去了“女性”身材的苗条。在产卵期间，蜂王每天都要让工蜂饲喂蜂王浆，以促进快速代谢保持旺盛的产卵能力。据专家统计，中华蜜蜂的蜂王一天可产 700—800 粒卵，从重量上来看，每天所产卵重差不多是自身体重的两倍。

雄蜂是由受精卵发育而来的雄性“公民”，每天过着不劳而获的日子，其存在的唯一作用是与蜂王交配。不过，雄蜂要履行社会分工的责任，是以生命为代价的。这要从履责的全过程说起，每到交配季节，性成熟的雄蜂便会自动地聚集在某地空中飞舞，目的是招引处女王。一旦处女王出现，所有的雄蜂便追逐而去，经过一番争夺，最终获得交配权的就仅有一只，谁的个头最大、体格最健壮，谁就是最后的胜利者，才能与蜂王进行交配。整个交配过程均在空中完成，交配一旦结束，雄蜂便因生殖器官被全部拉下而死亡。

工蜂的社会分工最多，任务最重。可以说，除了蜂王与雄蜂各自的任务外，蜂群内的其他所有工作都由工蜂承担。工蜂是繁殖器官发育不全的雌蜂，但它的许多结构特化得更适应工作的需要，比如其前肠中的嗉囊特化为蜜囊，以便贮存花蜜。

蜜蜂的信息交流方式有化学方式、物理方式和行为方式三种。化学方式是指腺体释放出的一种微量化学信息物质，被称为信息素，也叫外激素，依靠空气或个体间的接触进行传播。物理方式是指利用声与光传递信息。行为方式则是指蜜蜂通过振翅来传递信息。

香山萤火虫

在夜晚看见萤火虫，对于在都市生活的人来说简直是一种奢侈，对于成年人来说是遥远的回忆，对于孩子们来说则只是书本上的故事。而在香山夏天的夜晚，可以看到林丛间忽明忽暗，那正是一闪一灭的萤火虫，给您带来意外的惊喜，勾起了莫名的记忆和感悟，仿佛诗和远方就在眼前。

萤火虫腹部末端特有的磷化物发光质，经发光酵素作用，可在夜里发出黄绿冷光，独特的光信号编码，在夜空中彼此交流，相互沟通。成虫的寿命一般只有5—14天，短暂的生命里，只能通过发光来吸引异性，一闪一闪如同夜空的繁星。夜晚，林间的萤火虫与天空的繁星遥相呼应，不知是天上，还是人间，它们装扮着香山的山林，谱写着浪漫的乐曲。

关于萤火虫，世间还流传着一个囊萤映雪的典故：相传在东晋时，有一个叫作车胤的人，自幼聪颖，勤奋好学。因家境贫寒，家中没有多余的钱买灯油供他晚间读书，于是他每到夏天夜晚就捕捉几十只萤火虫，然后将其装在能透光的纱布袋中用以照明，自此学识与日俱增，成了有名的学者。

香山不但拥有丰富的鸟类、昆虫类等物种资源，小型哺乳类和两栖爬行类动物的种类也很多。小型哺乳类有刺猬、狗獾、猪獾、貉子、花面狸、黄狸、艾虎、草原兔、灰岩鼠、花岩鼠、晏鼠等；两栖爬行类有火赤链、复蛇、草蛇、蜥蜴、壁虎、青蛙、林蛙、山龟、鳖等。它们是香山的精灵，香山滋养了它们，它们反哺了香山，共同构建了独特的生态系统，礼唱着生命的赞歌，共同演绎着香山的神奇。

香山山林里已知和未知的世界中，总有一种莫名的吸引力、感召力和凝聚力。唯有时常葆有寻觅美好的心，才能在世事沧桑和风云变幻中，无论生机盎然，还是枯落沉寂，都可以发现美，那美不仅在于事物的表象，更在于心灵深处的感觉。

如若陶醉于此，享受于此，那人类还会陶醉于对自然界的征服吗？历史上和现实的自然灾难不正在呈现给世人吗？！每次征服的结果，都是自然界对我们的报复。只有心存敬畏，敬畏自然、敬畏天地、敬畏生命，顺应自然，道法自然不但要独与天地精神相往来，而且还要与自然和谐共处。不傲视万物，不谴责是非，不放纵自己。才能在香山中感受天地赐予我们的精、气、神；才能放下羁绊，游心无穷，体味自然的空灵与和谐，享受生命的自由与美妙。

香山为佛教名山，地处京西，西天即为梵天，梵天净土，净土在香山。千年古刹，衣钵有序，佛国胜境，旷古梵音。皇家制式，恢宏庄严，显密兼有，禅宗画境。西山三百寺，首游香山，宗镜昭庙，家国天下，碧云金刚，灯在菩提。

第二章　梵天胜境菩提心

▲ 香山寺后苑

佛教起源于古印度，于两汉之际传入中国。据传东汉永平十年（67 年），汉明帝夜梦金人，名号为佛，遂派遣使者至西域广求佛像经典及大德高僧，后使者与高僧用白马驮佛经返回洛阳，次年，汉明帝敕令在洛阳建立了中国第一座官办寺庙——白马寺，并由高僧翻译佛经，译成《四十二章经》。

佛教传入中国主要有两条路径，一条经陆路由中亚传入新疆，再深入内地；另外一条经海路由斯里兰卡、越南等地传到东部沿海地区。经长期发展，佛教与中国本土的儒家思想和道教文化相互融合，形成了具有中国民族特色的汉传佛教，并作为中国文化的重要组成部分，影响与滋养了中国的思想、语言、文学、建筑、绘画及音乐等领域。

因传入时间、路径、区域和社会历史背景、民族文化的不同，佛教在中国形成了汉地佛教（汉语系）、藏传佛教（藏语系）和云南地区上座部佛教（巴利语系）三大体系。

中国历史上宗教和山结有着不解之缘，隋唐以来，僧占名山成为中国寺院园林由都市转向山林的重要进程。明朝《增广贤文》记载的“世间好语书说尽，天下名山僧占多”，春秋战国时期《山经》记载的347座名山，清人郭穆在《名山游记·凡例》中说的“名山三百，支三千，好游之”，以及常建的“曲径通幽处，禅房花木深”，白居易的“人间四月芳菲尽，山寺桃花始盛开”和杜牧的“南朝四百八十寺，多少楼台烟雨中”等词句都证明了这点。

香山景色秀美、古树参天、云蒸霞蔚、清幽寂静的山林有利于众僧超凡脱尘，潜心修持，远离尘世，可谓佛门弟子修身养性的理想之境。出家人出于清修的需要，往往避开闹市，在香山山灵水秀之间，风水宝地之处，巧妙地利用山形地势修建庙宇，借助水源与树林等自然景观，将寺庙融入大自然当中，成为远离喧嚣的世外桃源。

香山“山以地为胜，寺以山为名”，建有香山寺、洪光寺、玉华寺、昭庙及碧云寺等多座寺庙，因此就更具灵性和神韵。由于历代帝王皇室敕建兴造，文人墨客慕名而来题诗咏唱，善男信女进山求神拜佛，达官显贵乘兴游山竖碑立碣。寺庙建筑、雕塑、壁画、题刻及陈设等也包含了不同时代的艺术风格和文化特征。

▲ 香山寺原貌图

香山优越的生态环境，便利的交通条件，逐渐发展成为梵宇琳宫不可胜数的寺庙群，西山这一带就有三百六十寺之称，最早将人类足迹带到西山的是僧人，香山众多的寺庙，据美国学者苏珊·纳昆（Susan Naquin）统计，明末北京西北郊共有寺庙 330 座，其中 106 座是明代文人经常游览的。当时香山的土地是允许建寺庙的，且鼓励游访。

清寺之冠

西山首游当推香山寺，香山寺的历史可以追溯到唐朝，明代大学士商辂在《香山永安寺记》中记载："永安寺创自李唐，沿于辽金。"

辽会同元年（938 年），辽得燕云十六州，升幽州为南京，成为辽代陪都之一。辽代佛教盛行，在北京兴建众多寺庙。在西山遗存了灵光寺招仙塔、普安山普安塔、戒台寺辽塔等诸寺。

出土于香山寺买卖街一带的一块辽乾统三年（1103 年）"□□禅师残墓幢拓片"，证明了香山寺的早期历史，上面记载了辽国公主请禅师到香山寺的事情："皇姑宋魏国大长公主聆其风□□，慕其高尚，亲诣□□，请礼殷甚。遂屈师于香山寺……乾统三年春正月十八日灭于本院。□□其年四月二十二日迁葬于香山之阴，附葬先师灵塔之侧。"拓片现存国家图书馆。

《辽史》还记载了辽秦晋王耶律淳死后“葬燕西香山永安陵”的经过。自辽始，香山便与皇室有紧密的关联。金王朝灭辽和北宋后，海陵王完颜亮于贞元元年（1153 年）由上京会宁府迁都燕京，改为中都。金朝的第五个皇帝金太祖完颜阿骨打之孙、金睿宗完颜宗辅之子金世宗完颜雍首先对香山寺进行了大规模的建设。据《金史》记载：“大定二十六年（1186 年）三月癸巳，香山寺成，幸其寺，赐名大永安寺，给田二千亩，栗七千株，钱二万贯。”

金世宗尚书吏部侍郎兼翰林直学士李晏撰有香山寺碑，《元一统志》刊录部分碑文，这是现存对香山最早的文献记载：

“天都右界，西山苍苍，上干云霄，腾掷而东去，不知其几千里。穹然而高，窈然而深，回环掩抱，重冈叠阜。风云奔赴，来朝皇阙，如众星之供北辰，中有古道场曰香山。山有大石，状如香炉。山之峦万山缭绕。山顶有泉，出自山腹，清洁甘洌，凿高通绝，螭口喷流，下注溪谷。”

同时还有《元一统志》载录金章宗时的翰林应奉虞良弼在泰和元年（1201 年）四月碑记：“旧有二寺，上曰香山，下曰安集，金世宗重道思，振宗风，乃诏有司合为一，于是赐名永安寺。”大定年间世宗“诏（巨构）与近臣同经营香山行宫及佛舍”。金大定二十六年（1186 年）永安寺成。上院则因山之高前后建大阁，复道相属，阻以栏杆，俯而不危。其北曰翠华殿，以待临达，下瞰众山，田畴绮错。轩之西叠石为峰，交植松竹，有亭临泉上。钟楼经藏，轩窗亭户，各随地之宜；下院之前树三门，中起佛殿，后为丈室云堂，禅寮客舍，旁则廊庑厨库之属，靡不毕兴。千楹林立，万瓦鳞次。向之土木，化为金碧丹砂，旃檀琉璃，种种庄严，如入众香之国。

因为香山有了行宫佛舍，皇家苑囿功能开始显露，皇室贵族在香山的活动也日趋频繁。《金史·章宗记》中记载了章宗皇帝于明昌五年（1194年）至泰和元年（1206年）七次游猎的情况。“明昌四年（1193年）三月甲申，幸香山永安寺及玉泉山。承安三年（1198年）七月丙午，幸香山；八月癸酉，猎于香山。承安四年（1199年）八月壬申，猎于香山。承安五年（1200年）八月壬辰，幸香山；八月乙未，至自香山。泰和元年（1201年）六月己卯，幸香山。”

金章宗完颜璟（1168—1208年）是金世宗之孙，也是金朝汉文化水平最高的一位皇帝。金章宗之母，乃宋徽宗公主之女也。南宋曾奉敕出使金国的周密在《癸辛杂识》中记载：“故章宗凡嗜好书札，悉效宣和，字画尤为逼真，金国之典章文物，惟明昌为盛。”可见宋朝文化对其的影响。

金章宗喜好游览和会猎，刘侗、于奕正的《帝京景物略》便有相关记载：“金章宗之台、之松、之泉，曰祭星台，曰护驾松，曰梦感泉。”金章宗的好游山水趣事名声远播，有《宛署杂记》

“西山古迹多金章宗所遗”之说。后人提及金章宗与北京，总是涉及流传至今的“燕京八景”。最早见明初翰林学士胡广作《北京八景图诗序》里的“地志载明昌遗事有燕山八景”一句，明末《帝京景物略》里也有载：“金章宗设八院游览，此其一院，草际断碑，香水院三字尚存。”又有清初《春明梦余录》中也提到“金章宗西山八院为游宴之所，其香水院在京山口，石碑尚存。稍东为清水院，今改为大觉寺”。其中八水院中的潭水院就在香山双清别墅内。

金章宗时期是金国最鼎盛的时期，随着这位英明君王的驾崩，大金江山迅速崩溃。1206年，孛儿只斤·铁木真统一蒙古各部落，建立大蒙古国，尊号成吉思汗，旋即开始了向压迫蒙古多年的女真族的复仇战争。1234年，蒙古灭金。

元太祖成吉思汗十年（1215年）蒙古军攻占燕京，成吉思汗得知辽太祖耶律阿保机的九世孙耶律楚材才华横溢、满腹经纶，遂派人向他询问治国大计。

耶律楚材（1190—1244年），字晋卿，号玉泉，法号湛然居士。出身于契丹贵族家庭，世居金中都（今北京北），自幼学习汉籍，精通汉文，年纪轻轻就已“博及群书，旁通天文、地理、律历、术数及释老医卜之说，下笔为文，若宿构著”。初仕金，为开州同知、左右司员外郎。面对干戈四起、生灵涂炭的神州大地，耶律楚材决定以自己的才华辅助成吉思汗，拯救处于水深火热中的黎民百姓。

公元1218年，耶律楚材随成吉思汗西游，于永安寺出发。《西游录》载“戊寅之春，三月既望，诏征湛然居士扈从西游。迨天兵旋旆，丁亥之冬，奉诏搜索经籍，驰驿来燕。既已更拂，有客惠然而来，率尔而问曰：居士之西游也，不知其几千里邪？西游之事，可得闻乎？居士曰：予始发永安，过居庸，历武川，出云中之右，抵天山之北，涉大碛，逾沙漠。未浃十旬，已达行在……”此次西征，耶律楚材因晓以征伐、治国、安民之道，屡立奇功，备受器重。

公元1260年，成吉思汗之孙元世祖忽必烈即位，定都开平。公元1264年，迁都燕京，改称大都，称开平为上都。公元1271年，改国号为元。马背民族，逐水草而居，元大都西山，草木丰沛，气候湿润，很对皇室家族的胃口，元朝皇室在香山的活动甚是频繁。忽必烈迁都北京后，游历了香山金代皇帝留下的行宫佛舍香山寺。元大都的设计者刘秉忠也曾多次至此，并与同僚宋义甫宿于香山寺留诗作念：“摩空削出碧芙蓉，缱绻香山一带峰。野树去年曾系马，闲云今日复从龙。玉钩三寸月沉水，琴调数声风入松。清彻梦魂眠不得，觉来那假晓楼钟。”

元朝第三任皇帝元武宗，孛儿只斤·海山（1281—1311年），蒙古帝国第七任大汗（1308—1311年在位）。他是元世祖忽必烈的曾孙、裕宗真金之孙、顺宗答剌麻八剌之子、成宗铁穆耳之侄。

元武宗崇信藏传佛教的同时，延续宗教自由政策，且加封孔子为“大成至圣文宣王”。元武宗至大四年（1311 年），仁宗即位。仁宗为元武宗海山之弟，少时学习儒家典籍，承兄遗志，笃信佛教。他不愿意看到香山颓废，便于皇庆元年（1312 年）重修了香山寺行宫佛舍，并改名为甘露寺。至此香山也出现了护驾长松、钦寒丹井、金界香莲、松顶明株、佛阁云梯、祭星台影、乳峰古寺、妙高云堂八景。

明成祖迁都北京，后因北方未平，城市人口仍以官员、军人、军属为主。土木堡之变后，这种情况开始发生改变。弘治年间，北京城商业大都会的形态初见雏形，城市人口猛增，至嘉靖年间，北京人口已逾百万。对比工业社会前的欧洲，1500 年左右的米兰人口约 20 万，1559 年的伦敦人口约 9 万，北京的人口规模实在可观，是无可置疑的超大城市。

至明末，北京经历了明王朝两个多世纪的统治后，无论是在政治上，还是在经济、文化上，都可称得上是明帝国的中心。北京作为一个北方古城，自身的特质湮没在帝国都城所展现的威仪之下。宫廷精英们控制了公众生活，种种与宫廷相关的事件及皇室的政治要闻比地方事务更引人关注，本地的文化精英们在某种意义上被宫廷和官场文化同化，已漠视其地方文人的身份，北京作为帝都的形象逐渐显现。

在明代，观光旅游是一种常见的休闲方式。香山寺到了明代升格为西山诸寺之冠，成为著名的旅游目的地，是明代文人的集体记忆。成书于1635年的《帝京景物略》辑录了大量诗作，其中涉及香山的诗文就有三百首之多。这些诗作的作者，大都是明代知名度较高的知识分子和官吏，留诗最多的莫过于曾在京任职的文人，如永乐年间拥护迁都的翰林学士胡广、杨荣、金幼孜、邹缉、林环等人；“吴门四才子”之一的文徵明；著名文学家、政治家、哲学家王守仁；大学士李东阳；文坛“前七子”中的李梦阳、何景明；“后七子”中的王世贞、李攀龙、谢榛和吴国伦；万历年间三大贤臣之一的郭正域；“山左三家”中的于慎行、冯琦；“公安学派”的代表人物袁宏道、袁中道兄弟；广东“南园后五子”中的欧大任和黎民表；“江北四子”中的蒋山卿和徐渭以及诗人王嘉谟、刘侗等人。其中，王世贞曾写下名诗《香山晚眺》：“千峰拥黛出凭栏，涿鹿苍苍指掌看。落日徐收天地色，飞泉不断古今寒。坐来清梵弥三界，行尽丹梯隐百盘。便欲舍身从此住，汉家车马动长安。”

文徵明也留下诗作《登香山》：“指点风烟欲上迷，却闻钟梵得招提。青松四面云藏屋，翠壁千寻石作梯。满地落花啼鸟寂，倚栏斜日乱山低。去来不用留诗句，多少苍苔破旧题。”

诗人李东阳冬游香山时，陶醉于这里的幽深秀美，多有吟咏，其中《西山霁雪》赞美道：“雪后西山爽气增，冻云消尽出崚嶒。眼看万壑遍一白，谁遣六月生层冰。岩窦有泉浑欲滴，石根无路转愁登。飞楼缥缈空寒外，几度凭高兴不胜。”

明正统六年（1441 年），太监范弘费资七十余万两白银扩建香山永安禅寺及寺院所属的来青轩。范弘是明成祖朱棣时派大臣张辅出使交趾顺便选回的一批伶俐俊美的幼童之一，在到达京师后阉为宦官送入宫中。范弘娴静清雅，才识过人，而且有一种飘逸的神韵，很得明成祖喜爱，被破例允许在宫中读书。他先后侍奉了成祖、仁宗、宣宗、英宗几位皇帝，深得帝王宠爱。尤其英宗对范弘超凡脱俗的品行大为赞赏，称他为蓬莱居士，所以范弘才有机会投资拓修香山寺。

范弘扩建后的永安寺规模宏大，蔚为巨刹，堪称西山诸寺之冠。《帝京景物略》云：“香山寺殿五重，崇广略等斜廊平檐，翼以轩阁……京师天下之观，香山寺当其首游也。”皇帝钦赐匾额“永安禅寺”。正统十二年（1448 年）八月，范弘在永安寺立下“敕赐香山永安禅寺报恩之碑”和“敕赐香山永安禅寺善缘之记”两座石碑。

正统十四年（1449 年），英宗亲征瓦剌，范弘扈从。明军在土木堡溃败，范弘死于乱军，死后归葬于他一手营建的香山永安寺。为使寺院传承下去，范弘死后，成化年间御马太监郑公同请旨皇上加以保护，并于成化五年（1469 年）请有“首辅贤相”之称的商辂为之作记。《宛署杂记》收录的大学士商辂撰写的《香山永安寺记》记载：“香山在都城西北三十里，以山有大石如香炉，故名，盖胜境也。永安寺创自李唐，沿于辽金，兴废莫详，而遗址仅存。明朝正统间，司礼太监范公弘捐资市材，命工重建，殿堂、楼阁、廊庑、像设焕然一新，规制宏丽，蔚为巨刹。”《篁墩集》载：“西山之刹以数百计，香山号独胜。层楼叠屋，翚飞笈立，于林峦紫翠中若画图然。”武宗皇帝、嘉靖皇帝均幸香山永安寺，嘉靖曰：“香山尽有青翠。”

1644年风云变幻，清军入关，江山易主，明亡清兴。习惯了白山黑水凉爽气候的满清皇帝对北京的炎热夏天颇为无奈，自康熙帝开始，每逢夏天就从闷热拥挤的紫禁城移驻西山脚下避暑纳凉、避喧听政，久而久之便在北京西北郊营造宫室馆舍，陆续修建了畅春园、圆明园、香山静宜园、玉泉山静明园。到清乾隆中期建成万寿山清漪园止，方圆数百平方公里的西山园林群就这样初具规模，合称“三山五园”。西山园林遂成为清代紫禁城之外的又一政治中心。

帝王钟情

胡砺是金代的文状元，官至刑部尚书。少年时期非常好学。天会年间，金军攻占黄河以北，胡砺被金兵抓住，随行来到燕地。他趁人不备逃离，来到香山寺，并与寺中雇工混居在一起。礼部尚书韩昉游览香山寺时，见他性情清静而温和，认为他与雇工有所不同，便让他写诗来显示他的志向，胡砺提笔一挥而就，韩昉十分喜欢，便收于门下，与自己的儿子一起接受教育。天会十年（1132 年），胡砺考中状元，代理翰林修撰，后改任定州观察判官。皇统初年（1141 年），任河北西路转运都勾判官，后改任朝奉大夫，又提升为礼部郎中。胡砺性情刚直不阿。海陵拜平章政事时，百官贺于庙堂，唯独胡砺不跪。海陵问其故，对曰："朝服而跪，见君父礼也。"海陵深器重之。天德初年（1149 年），为侍讲学士，修国史。后来升为翰林学士，改任刑部尚书，为国家作了很多贡献。

元世祖忽必烈定都北京后，游历了香山金代皇帝留下的行宫佛舍香山寺，并在这里发现了日后的爱将铁哥。铁哥，姓伽乃氏，性颖悟，不喜欢嬉戏。其父斡脱赤与叔父那摩都是佛教徒，由于当时的世道扰攘，兄弟二人便投奔元太宗窝阔台，窝阔台对他们甚好，还将那摩拜为己师，给斡脱赤佩金符。宪宗更是器重这兄弟二人，他尊那摩为国师，斡脱赤亦贵为用事。斡脱赤死时，铁哥才四岁，他跟随叔叔那摩拜见宪宗，《元史・列传》载："帝方食鸡，辍以赐铁哥。铁哥捧而不食，帝问之，对曰：将以遗母。帝奇之，加赐一鸡。"世祖即位后，游览香山寺，看到墙壁上铁哥书写的畏吾字（"畏吾字"是元初使用的一种文字，当时只用汉楷及畏吾字两种）。甚喜，即召见铁哥。《元史》记载："世祖即位，幸香山永安寺，见书畏吾字于壁，问谁所书，僧对曰：

▲ 燕京八景之一西山晴雪

国师兄子铁哥书也。帝召见，爱其容仪秀丽，语音清亮，命隶丞相孛罗备宿卫。”开始，世祖非常喜爱他，后听信谗言稍有疏远，经国师劝导又友爱如初，重用铁哥，世祖亲自为十七岁的铁哥诏择贵家女为妻，久而久之，他们的关系日益亲密，铁哥掌管世祖的日常生活。公元1292年，世祖将其晋升为荣禄大夫、中书平章政事。公元1294年，世祖死，其孙成宗即位，念铁哥是随从爷爷的老臣，便赐银一千两、钞十万贯，又赐以玛瑙碗，谓铁哥曰：“此器先皇所用，朕今赐卿，以卿久侍先皇故也。”大德元年（1297年），加封铁哥为光禄大夫，七年（1304年），复拜中书平章政事。武宗即位后，赐铁哥金一百两，加金紫光禄大夫，遥授中书右丞相。仁宗皇庆二年（1313年），铁哥薨，追封为秦国公，谥忠穆，加赠推诚守正佐理翊戴功臣，封延安王，改谥忠献。

元英宗孛儿只斤·硕德八剌自幼受儒家教育，通汉族封建文化。延祐三年（1316年）被立为皇太子，延祐六年（1319年）仁宗皇帝不豫，七年（1320年）孛儿只斤·硕德八剌即位。英宗即位后首先到香山祭遁甲神。《元史·英宗纪一》载“延祐七年四月己未，于香山”。祭遁甲神，即祭道教以“遁甲”之法而显示的神。皇帝在香山祭遁甲神亦是为把握皇朝命运，保佑自己的统治。而这位尊崇遁甲之术的皇帝仅仅执政3年，就于至治三年（1323年）八月五日由上都启程返京途中被杀，即著名的“南坡之变”。

清康熙皇帝好山水，自康熙十六年（1677 年）起开始修建西北郊皇家园林，在香山建立了游赏驻跸的行宫，其中殿堂、房舍、楼阁、院落、亭台俱全。康熙多次游幸香山，留有《洪光寺盘道诗》《来青轩临眺诗》《驻跸碧云寺》《碧云寺临泉望月》《碧云晓起》《再赋碧云晓起》等诗篇。

到了清中期乾隆年间，一生视爷爷康熙为偶像的乾隆皇帝同样钟情于这片北京西郊美景。乾隆八年（1743 年），弘历第一次来到香山，就醉情于这里的山水。乾隆九年（1744 年），香山工程处成立。第二年，香山行宫营造工程便紧锣密鼓地展开，直到乾隆四十五年（1780 年）宗镜大昭之庙建成，整个工程才算完工。

香山永安寺在原址上得到了扩建，形成了前街、中寺、后苑的独特寺院格局，被列为静宜园二十八景之一，乾隆赐名为“香山大永安禅寺”。乾隆十一年（1746 年），乾隆皇帝在御制诗中描述了装饰一新的永安寺：“寺建于金世宗大定间，依岩架壑，为殿五层，金碧辉映。自下望之，层级可数。旧名永安，亦曰甘露。予谓香山在洛中龙门，白居易取以自号，山名既同，即以山名寺奚为不可。”并题香山寺诗文：“雁堂传宝界，鹿苑本仙区。结夏参摩诘，和南礼曼殊。分茶驰调水，清馔饱伊蒲。欲拟题新句，寻思色相无。”

永安寺前部买卖街店铺各异、鳞次栉比；中部寺院依山借势，由低到高，层层递进，又接引佛殿、天王殿、钟鼓楼、文殊殿、普贤殿和圆灵应现大殿，每层台地皆有矮墙围护，虽有分隔，但在空间上流动灵活，整体上气息贯通；后苑有眼界宽、水月空明、薝葡香林阁和青霞寄逸楼等精美园林建筑，最值得一提的是后苑的假山，以青云片为主掇山，被爬山游廊环抱，“Z”字形的青石蹬道，宛如宋元古画中的山间小路，外侧齐腰的叠石，危而不险，充分体现出意境的高远，不愧为人的自然化和自然的人化。

尊者神殿

宗镜大昭之庙，简称昭庙。昭庙建成于清乾隆四十五年（1780年），是香山内一组大型藏传佛教式庙宇，也是北京仅见的城廓式藏传佛教建筑，是为迎请西藏后藏地区的政教首领六世班禅为乾隆祝七十大寿请命进京而建。

宗镜，寓意“以一心为宗，照万法如镜”。昭庙在藏语中发音“觉悟拉康”，“觉悟”就是佛。觉者为佛，不觉者为凡夫，不觉者处处生烦恼，觉者时时大自在，因此“觉悟”也有尊者的意思，佛教中尊者特指佛祖释迦牟尼。“拉康”是神殿的意思，所以“昭庙”即尊者神殿，这就是这座寺庙名称的由来。昭庙的琉璃牌楼、琉璃万寿塔的形状与承德外八庙须弥福寿之庙基本相同，两座庙宇出于同一目的，是同时建于异地的姊妹建筑。

昭庙承载着中华民族的荣辱与兴衰，在这里，乾隆皇帝与六世班禅同修佛法、共商国是、解决了西藏的内部政治问题，留下了一段秉承大统、文化相融的佳话，是中华民族大团结的亲密见证。

六世班禅额尔德尼·罗桑华丹益希是我国历史上著名的爱国主义宗教领袖。他于清乾隆三年（1738 年）在襄地扎西则（今后藏南木林宗扎的西则）出生。1740 年，经扎什伦布寺喇嘛寻访、考察五世班禅“转世”情况，在拉萨请护法神“降神”之后，七世达赖派代表，会同“噶厦”政府官员，共同求证，最后确认罗桑华丹益希就是前一世班禅的“转世灵童”。七世达赖便正式通知扎什伦布寺，并通知驻藏大臣纪山，请他将此事转告清朝高宗皇帝，不久便得到了乾隆皇帝的恩准。并为其取法名为“罗桑华丹益希”。

乾隆六年（1741 年）六月四日，灵童被迎到扎什伦布寺日光殿举行了“坐床”典礼。乾隆帝特派专使与七世达赖的代表一起，到扎什伦布寺祝贺“坐床”典礼。

乾隆四十一年（1766 年），乾隆帝遣使到扎什伦布寺册封罗桑华丹益希为“六世班禅”，颁给其金册、金印。三年后，乾隆帝又赐给了一颗用230两黄金铸成的有藏、满、蒙三种文字的“班禅额尔德尼”金印。

乾隆四十三年（1778 年），章嘉国师奏称，六世班禅额尔

▲ 宗镜大昭之庙

▲ 须弥座幡杆石

德尼要求朝觐乾隆皇帝，为其庆贺七十寿辰。乾隆皇帝大喜过望，遂同意了六世班禅的奏请。与顺治皇帝以“敦请”的形式招致五世达赖喇嘛进京不同，六世班禅额尔德尼在国家空前统一和民族关系融洽的大好形势下，捍卫国家主权及领土完整，毅然决定入京朝觐，在乾隆皇帝的七十岁寿辰之际前来祝寿，此次东行是“不因招致而出于喇嘛之自愿来京”。

乾隆四十四年（1779 年）六月，六世班禅率领三大寺堪布及僧职人员百余人开始离藏赴承德和北京，护送的僧俗官员和马队多达两千人，盛况空前。当年十月十五日到次年三月十日，六世班禅一行驻锡塔尔寺过冬；从塔尔寺出发前班禅大师让二世嘉木样活佛为其随从人员种痘，他自己却没种。

乾隆四十五年（1780 年）七月二十一日，六世班禅一行在皇六子和章嘉国师、尚书永贵的陪同下来到了承德，入住专为六世班禅入觐时居住而兴建的须弥福寿庙。

六世班禅随行一月有余，在皇六子的陪同下，于八月二十六日离开，九月初一进入北京西黄寺。在皇六子和章嘉国师陪同下游览圆明园、大钟寺、白塔寺、雍和宫、颐和园等地，为殿堂、园林、寺院开光加持。六世班禅还观瞻了香山的宗镜大昭庙，此处是为六世班禅修建的一座仿西藏风格的寺庙，其形式近似须弥福寿之庙，于 1780 年七月竣工。当时班禅来到昭庙时，见到蔚为壮观、庄严殊胜的昭庙时，感慨地说“善哉、善哉，我经年累月参想梵天胜境是何样？到了香山，看到昭庙，才知道是这般如此。”

九月十八日，乾隆皇帝谒陵后返京，与六世班禅在香山昭庙会见，乾隆皇帝又向班禅赐金如意、羊脂五香炉、宝体等，班禅向乾隆敬献佛像及袈裟等。次日，六世班禅为昭庙开光，并在此讲法、游览、休息。九月二十五日，乾隆皇帝到黄寺看望班禅，命大臣在西黄寺院中支起蒙古包，以备班禅大师过冬居住。十月三日，乾隆在紫禁城保和殿宴请六世班禅，特许六世班禅乘轿至层丹墀。十月二十七日，班禅在雍和宫为乾隆皇帝传授佛法。

十月二十七日，六世班禅微感不适，乾隆立即派御医诊视，发现患了天花。乾隆亲临问候，并命皇六子加倍注意病情和饮食状况。乾隆四十五年（1780年）十一月初一，六世班禅开始发高烧，乾隆又派人送去貂皮大氅、皮褥等物。“下午四时，佛（六世班禅）跏趺而坐，挺腰闭目合十，圆寂于西黄寺”。

乾隆四十六年（1781年），在黄寺建清净化城塔纪念六世班禅，同年六世班禅灵塔运抵西藏扎什伦布寺。

六世班禅东行进京觐见是中国民族关系史上一次重大的历史事件，是可与乾隆三十六年（1771年）土尔扈特部族东归相媲美的壮举。

宗镜大昭之庙地处香山静宜园别垣中部山麓，原为皇家鹿苑。据《日下旧闻考》中记载：“静宜园外垣之北别垣内佛楼为宗镜大昭之庙，门东向，建琉璃坊楔。前殿三楹，内为白台，绕东南北三面上下凡四层。西为清净法智殿，又后为红台，四周上下亦四层。”昭庙主要建筑由方河、石桥、三门琉璃牌楼、大白台、井字形重檐碑亭、白台、红台、都罡正殿、五智殿和七层万寿琉璃塔组成，五智殿分别是白台清净法智殿，红台的“大圆镜智、成所作智、妙观察智、平等性智”四大殿。整组建筑群因地制宜，由西向东，逐级升高，原建筑占地约 15330 平方米。

乾隆皇帝考虑到承德、北京气候较西藏炎热，为了给六世班禅大师避暑，特下谕旨在承德修建须弥福寿之庙，在北京西郊香山静宜园修建班禅行宫——宗镜大昭之庙，后又在北京西黄寺为班禅修建冬季驻锡之地，香山的宗镜大昭之庙则为班禅夏季驻锡之地，世人皆又称“班禅行宫”。据乾隆四十八年（1783 年）奏销档案记载，宗镜大昭之庙有陈设铺垫、佛像供器等达 19953 件，占了静宜园全部陈设的一半以上。

咸丰十年（1860 年）九月初五、初六，昭庙被英法联军焚毁，仅存琉璃牌楼，四个幡杆石座，白台、红台基础，御碑一座（碑亭已毁，基础尚存）和七层琉璃塔一座。英国军官麦吉在《*How we got into Peking: A Narrative of the campaign in China of* 1860》中描写了昭庙被焚毁的情况：“一座寺庙，当然不只是一间房子，而是一片建筑群，环绕着一个巨大的神龛，也陷入火海之中。火海不断蔓延，焚烧着里面以及周围的参天大树。这些树木掩映着

▲ 清净法智殿

▲ 昭庙方河

▲ 焚毁后昭庙都罡殿遗址

▲ 昭庙琉璃牌楼和清净法智殿

▲ 昭庙六韵碑

▲ 万寿琉璃塔

这座庙宇，差不多已有好几百年了。可以看到镀金的横梁和五光十色的庙顶，当然最多的还是御用的黄色——所有的这一切都任由大火吞噬。”

麦吉还描述了昭庙中的陈设：“所有这些房屋都是储藏室，里面收藏着各种珍奇古玩，清代以前的景泰蓝物品，不计其数的书籍文献，各种情景的雕刻，有的记载历史，有的描述满汉战争，这些作品有的出自本土天才，有的则是外国传教士按中国风格创作。绣花的帐帷，圣坛上的镀金祭品，这些东西除了其本身就价值连城外，做工细巧，外形精美，加之又珍奇罕见，令人着迷，但是这一切都付之一炬了。只有很少几件东西，由军官们救出，所以真正保留下来的很少。”

昭庙不但是一所皇家寺庙，而且是中央政府宣抚西藏、宣示主权的明证，有重大的历史价值和现实意义，是民族大融合，祖国大统一的象征。

1949 年，中共中央由西柏坡迁至香山，昭庙之地成为中共中央秘书处。

碧云纤秾

碧云寺地处香山东麓聚宝山，坐西朝东，依山临壑，景致极佳。碧云寺寺枕中冈，基之两旁，皆深谷数仞，长溪曲折，自西旋绕而来，溪上锁以白石桥。背靠嵯峨聚宝，层峦叠嶂，两翼山势旋舞外张，犹如龙飞凤舞，呈环抱之状，奇景独胜，远远望去则有“万峰围殿阁，碧色静如云”之感，可谓风水绝佳之处。碧云寺充分体现了人工建筑与自然山景的完美融合。古代风水讲究藏风聚气，碧云寺内的卓锡泉流于寺中，使气“聚之不散，行之有止”，形成了独特的小气候，水土丰盈，植物繁茂，冬暖夏凉。

明人蒋一葵在《长安客话》中云：“香山碧云寺皆居山层，擅泉之胜。金碧鲜妍，宛如天界。大抵西山兰若，碧云香山相伯仲。碧云鲜，香山古。碧云精洁，香山魁恢。”明人陶允嘉用“金风猎猎吹远松，青霞朵朵生残峰。西山一径三百寺，唯有碧云称纤秾。山僧不放山泉出，缭绕阶前声瑟瑟。绿云之华白玉桥，世界微明水天拂。我从山水佳处来，得倚不觉久徘徊。胜气缤纷眼前起，教人空忆越王台”的诗句描述了碧云寺的风貌。

中国山水美学对于风景名胜的理解并非单纯的“深山藏古寺”，而是“景物因人成胜概”，既有建筑隐于山林的类型，又有建筑显于山林的类型。静宜园建于香山，山体尺度大，虽有二十八景，基本也是掩映于香山山脉之中；而与之相邻的碧云寺，位处香山余脉的聚宝山，山体尺度小，则将建筑布于显要位置，以彰显山势。这种彰显之法不是修建建筑于山顶，而是略低一些，以避免寺大压山之感，颐和园佛香阁的修建也采用了同样的手法。

风水绝佳，殿宇宏伟的碧云寺始建于元至顺二年（1331 年），有近700多年的历史，相传为耶律楚材后裔耶律阿勒弥舍宅开山所建，始称碧云庵。据《帝京景物略》言，碧云寺元代为碧云庵，明代更为寺。元代诗人萨都剌所写的《卓锡泉》中也有“碧云天上寺，高耸拱神州”之说。碧云寺尽管规模不大，但却有环峰叠翠、碧云香霭、曲径通幽、危桥跨涧、池泉印月、洞府藏春、修竹欺霜、乔松傲雪、奇桧连阶、楼台潇洒这闻名遐迩的“碧云十景”。

明代宦官擅权，武宗年间，碧云寺这块风水宝地被御马监太监于经看中，故在正德十一年（1516年）利用侵吞的钱财大兴土木扩建碧云寺，在寺后小山上修建了死后安葬的生圹，冢域种植青松，取“万古常青”之意，当时人称碧云寺为“于公寺”。《国朝丛记》中曰：“京西香山碧云寺，瑰壮靡丽，正德中于经大珰所造。”经于经拓修以后的碧云寺“廓然焕然”，成为“甲于天下”的寺院。朱长春《西山游记》云：“碧云寺金银官阙，若王者居……门堂七重，重累数十阶以高，其除广夷。”然而，于经在嘉靖初年（1522年）获罪下狱，最终没能安葬于此。

天启三年（1623年），大宦官魏忠贤修饰碧云寺，并占于经旧墓道，加以修缮，在“山门前置一对雕琢精致的汉白玉石狮，坟前排列两排文武翁仲、石麟羊虎，森列扶阑，悉仿明皇陵，规模宏大”。但是崇祯年间魏忠贤获罪发配凤阳，死于途中，寺后的墓穴也未及享用。历史就是这样捉弄人，在古人“事死如事生”观念的影响下，两个大宦官都是枉费心机，空忙一场。

到了清代，监察御使张瑗巡查北京时发现魏忠贤的墓，奏请康熙皇帝拆毁墓地，后奉旨拆除，并作诗纪念。康熙皇帝曾来碧云寺，并作诗数首，权臣明珠和其子著名词人纳兰性德曾随侍前来。乾隆驻跸静宜园，乐观林壑之美，而念古刹之有待于护持，下命重加整葺。《日下旧闻考》记载了碧云寺扩建后的规模。

乾隆十二年（1747 年），和硕庄亲王允禄请旨加建碧云寺僧房，皇帝下旨扩建碧云寺，大臣三和请旨将查办步军统领舒赫德的钱财用于碧云寺工程。次年乾隆皇帝初来碧云寺，大臣付恒请旨将查收伊拉齐京的财物用于碧云寺。之后乾隆皇帝多次来碧云寺，并赋诗一百多首。

乾隆皇帝喜好品茗，在紫禁城及其他皇家御园中拥有着众多茶室。香山静宜园有“玉乳泉”，万寿山有“春风啜茗台”，盘山有“千尺雪”，并于春节期间在紫禁城重华宫举行茶宴，以龙井打底，加之以梅花、佛手、松子三样清雅高洁之物一起冲泡，取名“三清茶”。乾隆同时还对全国的泉水进行评级，曾称赞碧云寺的卓锡泉水，认为虽不及玉泉山水轻，但用以品茶也非常好。乾隆四十八年（1783 年），因卓锡泉水枯竭，乾隆皇帝令质庄亲王永瑢会同定郡王绵恩、内务府主管御园官员金简彻查，将管理碧云寺的官员姚良、福善、明庆等革职查办，下旨保护卓锡泉水源，后又大修碧云寺。

1911 年，辛亥革命推翻了清王朝统治，孙中山建立了中华民国，作为皇家寺庙的碧云寺落败不堪。1912 年，孙中山第二次到京期间，曾由孔祥熙陪同游览碧云寺，当孙中山登上寺内的金刚宝座塔顶部平台，发现九龙柏被人用绳索缠绕、石块填压时，深感惋惜，并亲手去掉缠绕绳索和石块。民国期间碧云寺也被视为文化教育事业的重要场所，1917 年，北京学界同人与寺院住持协商，发起碧云寺维持会，并对寺内残破者及倾覆者逐渐整修，其余房屋作为慈善及文化事业之用。维持会成立之后，西山天然疗养院、中法大学、陆谟克学院乙部、西山中学、农林实场测候所相继驻寺，直到抗日战争爆发后才陆续迁出。曾在中法大学就读的陈毅在此成立进步诗社，并在担任北京团委书记后在此组织活动。

1925 年，孙中山先生第三次来京后病逝于北京，由于中山陵未竣工，灵柩停厝碧云寺金刚宝座塔内保存，宋庆龄、孙科、宋子文、孔祥熙、汪精卫、于右任、张继、陈树人、黄开文、许世英、李烈钧、戴天仇、林伯渠等出席移灵仪式。

1925 年冬，国民党要员邹鲁、谢持、张继、居正、林森等人在碧云寺涵碧斋召开了国民党一届四中全会，史称“西山会议”。北伐战争中，有军阀打算破坏孙中山灵柩，被熊希龄制止，并请张宗昌派兵保卫。1928 年，蒋介石在李宗仁、冯玉祥、阎锡山、李济深、李烈钧、戴季陶等陪同下，来碧云寺并宣读《克复北平祭总理文》，宣告北伐胜利。北平市首任市长何其巩、济南市首

▲ 碧云寺全貌图

▲ 清末民初碧云寺

▲ 御制碑亭

▲ 碑亭内赑屃

▲ 中法大学学生悼念孙中山先生合影

任市长阮肇昌与“民国军事泰斗”杨杰也曾来此拜谒。1929年，奉安大典，孙中山遗体迁往南京中山陵后，碧云寺普明妙觉殿改为“孙中山纪念堂”，在金刚宝座塔内设“孙中山先生衣冠冢”。此后，碧云寺便成为各界人士拜谒孙中山先生的纪念地，也是宋庆龄的伤心地。1945年抗战胜利后，碧云寺作为北京名胜，引得众多名人纷纷前来游赏，如徐悲鸿、张恨水、端木蕻良、闵孙奭、周作人等。

1949年，中共中央进驻香山，碧云寺曾作为马列学院之用。新中国成立后，党和国家领导人周恩来、朱德、习仲勋，民主人士何香凝、沈钧儒、陈叔通等都曾来碧云寺拜谒孙中山先生。近年来，中国台湾地区政治人物连战、吴伯雄、郝柏村、江丙坤、关中、林益世、郁慕明、林丰正、蒋孝严、洪秀柱、辜振甫、朱立伦等也都曾来碧云寺拜谒孙中山衣冠冢。2001年，碧云寺被列为第五批全国重点文物保护单位，2017年，碧云寺成为对台交流基地。

碧云寺在历史的长河中，不仅是京西名刹，还吸引了众多的文人雅士往来游玩，有道是“有景必有诗”，这些文人借景抒情，吟诗作赋。清乾隆把碧云寺作为皇家寺庙，拈香礼佛，驻跸行宫，更是写下了关于碧云寺的近百首诗文。同时还是北韵禅乐的重要传播地。

碧云寺占地4万平方米，建筑依山而建，重重院落，层层叠起，壁画鲜丽，琳琅满目，引人入胜，轴线布局。整个寺院山林与建筑相衬托，园林与寺院相结合，瑰丽宏伟、精工细琢，堪称中国寺院园林艺术的典范。山门外明代的汉白玉石狮，雕工烦琐精美，清代麟庆《鸿雪因缘图记》曾载有“碧云抚狮”。

天王殿中明代铜质弥勒铜佛像造型优美，线条流畅，具有很高的艺术价值。寺内建筑多为明清时期原建，如北方唯一现存的规模最大的的皇家敕建五百罗汉堂，独具特色的木、石、砖三道牌楼，雕工精美绝伦的石牌楼，全国最大的汉白玉金刚宝座塔，天下第一幽的水泉院，还有庑殿形制的能仁寂照大殿，借山体构筑的三仙洞等。

寺庙格局符合“伽蓝七堂制度”，呈三路布局。中路主要建筑依次排布，尽端的金刚宝座塔屹立山间，南路有禅堂、罗汉堂、藏经楼，北路为乾隆行宫，有涵碧斋、含青斋、水泉院。

中路以不断引人入胜的空间行进序列，“起承转合”明确。山门前危桥跨涧，山门殿两侧还有两个殿座小门，与桥形成“合”“分”关系。独特的两道山门殿，中间通道，两侧形成寺院，可谓易守难攻。自天王殿，中路形成一系列围合空间，天王殿和两侧钟鼓楼形成围合，弥勒殿与能仁寂照大殿、配殿形成围合，后面的静演三车、孙中山纪念堂（普明妙觉殿）及配殿形成围合。普明妙觉殿后山势上升，为了烘托金刚宝座塔的主体地位，在前面设置了木、石、砖三座牌楼，通过引导空间，来到金刚宝座塔。中、南、北三路在木牌楼前交会，构成了“分”“合”关系。从

▲ 五百罗汉

▲ 罗汉堂外景

▲ 清代木雕金漆疯僧

▲ 明代石狮子

▲ 明代铜制弥勒佛

石桥到金刚宝座塔，共有12座建筑，依山势逐级升高，层次分明，形式多样，蔚为壮观。

南路分为两组空间，禅堂和配殿形成一组空间，罗汉堂、藏经楼形成一组空间，两组空间有各自的轴线。禅堂空间以院落围合，罗汉堂自院墙起照壁，作为轴线的起点，一直延伸到罗汉堂后高台上的藏经楼。北路通过涵碧斋、含青斋分隔空间，使这一路避免了狭长感。水泉院利用假山分隔空间，东侧以林木为主，西侧园亭、假山、水池、山房、高台一应俱全，尽显清幽之美，可谓天下第一幽，同时三路建筑也有着横向的呼应关系。

碧云寺中的五百罗汉堂建于乾隆年间，面积为1147.7平方米，是全国唯一一座现存的皇家敕建的五百罗汉堂，非其他五百罗汉堂可比。其建筑造型呈田字形，端庄大气，自成格局，是清中期建筑艺术精品。乾隆二十九年（1764年），朝廷用资一万六千两，仿照杭州净慈寺罗汉像，塑成500尊罗汉像，安置于罗汉堂内供奉。罗汉堂东门入口抱厦处的“风调雨顺”四大天王，运用了泥塑彩绘的拨金工艺，实属清中期的代表之作，乾隆御笔“果证吉祥云三千已遍，观融功德水五百非多”的楹联道出了罗汉堂的兴建初衷。

堂内实有木质漆金罗汉五百尊，三世佛、地藏菩萨、韦陀、永明禅师和疯僧神像七尊和梁上济公一尊，塑像造型逼真，神态各异，或立或坐，或搀或背，或笑容可掬，或横眉怒目，或庄严慈祥，或潇洒自在，尤其是“十不全”的疯僧，麒麟步、降龙爪的造型活灵活现，妙趣横生。

其中还有第444尊破邪见尊者乾隆皇帝的化身，破邪即见菩萨，取自《佛名经》称其为应当礼敬的菩萨。所为邪见，相对于正见而言，指邪之又邪的谬见。外道邪见认为，世上没有因果轮回，所以为恶不惧，为善不喜。尊者认为必须彻底破除谬见，兴善去恶、护持世间的法力功德，故能帮助众生清除邪见。

在罗汉堂数罗汉寻找本尊，可谓趣事一桩。您可以随便选一尊罗汉数起，数到和您年龄的数字相同的那一尊为止，这尊罗汉的身份、表情和动作，可暗喻昭示着您的性格与命运，与本尊对视，过去、现在和未来似乎都凝固在瞬间，让您品味思索，感悟人生哲理。

经乾隆十三年（1748年）修建后，北轴线建起了行宫，涵碧斋殿三间、含青斋殿五间，均为出檐廊式建筑，以围廊连接，周有围墙，构成了一进长方形几乎封闭式的院落。两组建筑前各有小院，涵碧斋坐落在含青斋前，其前有院落、殿门，后有山石围绕直达含青斋殿前，其间有湖池。含青斋殿前有奇丽的山石、水池，后有围墙，墙设月亮门，可由殿后门出，过月亮门通水泉院。

水泉院位于碧云寺北轴线最深处，是一处以泉取胜的中国古典园林“壶天模式”的院落。以泉为胜、以树为奇、以景为幽。泉出自石罅中，潺潺有声，元代有“卓锡”之名，明代时名声更响。

《长安客话》载："水自寺后石岩出，喷薄入小渠，人以卓锡名之。""卓锡"为僧人所持锡杖，水泉院以泉、澡、潭、池、沼、溪，水景序列展开。

院中有银杏一株，出于枯根间，初为槐，历百年而枯，在根中复生一柏，又历数百年而枯，更生一银杏，参天蔽日。水泉院依山就势，叠筑山石，亭台池桥，峭壁如城。明代万历就有水天一色、苍松古柏、听水佳处的题匾。

乾隆十三年（1748 年），碧云寺进行了扩建，同时也对水泉院进行了修整，因而大部分建筑因移动与明代时的位置有所不同，又建洗心亭和试泉悦性山房。洗心亭建于池水中央，水岸遍植翠竹，仿杭州云栖寺洗心亭而建，可谓"身是菩提心似镜，洗如拂拭去尘埃"。

试泉悦性山房是乾隆夏季煮泉品茶之处，室内陈设大都是皇家造办处竹制用品，既凉爽，又有品位。有御制试泉悦性山房诗云："清暇值偶尔，烹云便试旃。竹垆文武火，芸壁短长篇。"除了品茶，乾隆皇帝还会在水泉院最后的龙王庙中拈香祈雨。

洗心亭南侧清净心原为藏花洞，元、明时期用作卉木越冬。洞位于碧云寺南墙壁下，《大复山房集》载"寺前有泉亭竹树……其西峭壁如城，有石室三，临涧石门石窦，盛夏可以避暑，冬则徙卉木藏焉"。清乾隆年间进行改造，在洞内陈列了佛像和菩萨像，布置了相应陈设。洞外修建抱厦，并赐名"清净心"，"得净土当净其心，随其心净，则佛土净”。因洞内陈列佛像，后人也称“三仙洞”。水泉院景致幽雅如入清凉世界，园林建筑颇得自然情趣，巧夺天工，独具匠心，不愧为天下园林境之最幽者。

塔院的第二道石牌楼独具匠心，精美绝伦。呈四柱三楼冲天式，汉白玉石柱上通体镌刻着祥云图案和栩栩如生的圆雕狮子。石牌楼正楼、次楼为五踩斗拱，正间、次间的下横枋上雕刻有腾于云雾中的二龙戏珠图案。额枋上匾额刻有乾隆御书“西方极乐世界阿弥陀佛安养道场”，龙门枋上有仙鹤图案，正中刻有乾坤符号。中国佛教的“四大道场”无非是菩萨的道场，而碧云寺则是佛的道场，地位非同。

牌楼两侧的照壁上，正面是忠、孝、廉、节的人物浮雕。左侧为蔺相如、李密、诸葛亮、陶渊明，右侧为狄仁杰、文天祥、赵壁、谢玄，旁有书童侍候，脚下有山石，头上有祥云；周围刻有山石、树木、祥云等图案。照壁的小额枋上刻有两组字，左为“清诚贯日”，右为“节义凌霄”，背面刻有一对披发石狮。牌楼左右八字影壁正面刻有麒麟，背面刻有八仙过海图案。此牌楼人物惟妙惟肖，禽兽活灵活现，可谓难得的石雕珍品，在全国的寺庙内绝无仅有。

金刚宝座塔为碧云寺塔院最为殊胜的建筑，仿印度菩提伽耶塔，具有典型的中印密宗风格，塔坐西向东，塔身高 34.7 米，塔座高 20 米，建筑面积为 931 平方米。塔共分为三层，最底层为两重塔基，外砌虎皮石，围以石栏，正面有石级可上，二层以上

▲ 水泉院

▲ 三仙洞

▲ 清中期汉白玉石牌楼

▲ 诸葛亮石刻

▲ 天下太平雕刻

全部用汉白玉石粘接而成。从塔基至塔顶，遍布精美浮雕。须弥座上有云纹、西番莲、阴阳鱼、卷草纹、连珠纹装饰。

券门上额刻有乾隆御题“灯在菩提”，边框雕莲瓣、如意云头纹、系有飘带的吉祥八宝等图案。券门装饰六拿具的金翅鸟、龙女、龙、回头羊、狮王、象王图案。券门正中石壁上镶“孙中山先生衣冠冢”大理石碑一方，下设石质条案。券门外座石壁用浮雕装饰，有达摩多罗、布袋和尚、四大天王、无量寿佛、金轮、右旋海螺、宝伞、胜利幢、莲花、宝瓶、双鱼和吉祥结等图案。

从券洞两侧拾级而上便可登塔，塔座上有五座十三级密檐石塔。尊奉金刚界五部五方佛的理念，主塔塔座四壁各雕刻一尊如来，东面宝生如来，南面阿閦如来，西面阿弥陀如来，北面不空成就如来，每尊如来两侧皆有菩萨协侍，四方佛八大菩萨精妙绝伦，宛然如生。最为奇特的就是大日如来，在主塔塔身的佛龛内，宝相庄严，善妙殊胜，尤其是在晨曦的照耀下，使人恍如隔世、物我两忘，莫名地感受到正法眼藏，五蕴皆空。

主塔四角有四座略小主塔的密檐塔，上面雕有十六罗汉及随侍弟子像。五塔铜铸塔刹华盖上装饰道教八卦图形和祥云，周围雕铸华丽的璎珞。东部罩厅顶四隅为四个小形藏式瓶状塔，中有一须弥座。罩厅正面浮雕西番莲，券门上额刻有乾隆御题“现舍利光”，罩厅内顶部刻梵文陀罗尼经咒，布满穹隆。下部正面石壁上阴刻一佛两菩萨，两侧阴刻八大佛像及各种纹饰。在罩厅两侧各有一座喇嘛塔，塔身佛龛内雕刻叶衣佛母、白伞盖佛母、绿度母和尊胜佛母。

据佛经说，佛教创始人释迦牟尼坐于印度摩揭陀国佛迦耶菩提树下成佛，故称其坐处为金刚座。乾隆《御制金刚宝座塔碑文》云：“昔如来成等正觉，必坐菩提道场，盖法王、人王有世出，世间之异，而居尊御极，其理则同。故宝座庄严，所以正夫人师之位也。佛威神力，能使六种震动，而当其初转无上法轮，转一切天人所不能转，则地为普动以应之。惟道场安立之区，常住不动，其地乃三千大千世界中，上极金轮，下侵地际，金刚所成，周百余步，如须弥之隐于沙界而露其巅。去来诸佛并于此座，而入金刚定，以是名金刚座焉……佛灭度后，座隐不见，诸国王乃以铜观自在像，南北标识其处。厥后又仿浮屠之制，笵金为座，以便供养。”

金刚宝座塔实为宇宙树，是宇宙的生命之源，由大地中央的一棵和四周的四棵组成，中间一棵像宇宙之轴耸立在宇宙之中，支撑着天盖中心——北极天与大地中心，周边四棵标志着大地的四极，支撑着天盖的四边，维持着天地之间的距离，树干分为上、中、下三层，连接天神、人间、冥府三界。

在金刚宝座塔前有乾隆十三年（1748 年）建的八角形碑亭，南北各一座，亭为重檐八角攒尖，上檐为圆形，下檐为八角形，檐下装饰石雕斗拱，是极具特色的建筑。亭内为穹隆顶，顶部有

▲ 金刚宝座塔

▲ 金刚宝座塔顶

▲ 观世音菩萨

▲ 绿度母

龙头藻井，置有乾隆御制金刚宝座塔碑，左亭碑文为满蒙文字，右亭碑文为汉藏文字。

此外，香山地区还有梵香寺、宝相寺、宝谛寺、法海寺等寺庙。香山的皇家寺庙在历史进程中，彰显了显宗与密宗结合的特点，也加入帝王的情怀和人的情趣。无论帝王皇室，还是凡夫俗子，都是人，有人就会有烦恼，烦恼即是菩提，佛法在世间，不离世间觉。因虚，果虚，缘不虚。因该果海，果彻因源。爱因斯坦说过“佛法最符合现代科学的需求”。科学与佛法都指的是意念，是起心动念，还是如如不动，皆在于证道一体，知行合一，唯有勤修践行，亲证方得。佛教主张道德与证悟互为依存，不可分离，道德构筑了人生最高境界的基础，而知识与智慧则完善了人生最高境界的构筑。

京郊“三山五园”，香山静宜园，相地最胜、规格最高，智仁山水德。皇家御苑，动静有养，栖居林泉，避喧听政，敕几清暇。国之四维，君权神授，神权天授，二十八星宿，紫霞染中宫，道统天下。

第三章　敕几清暇有静宜

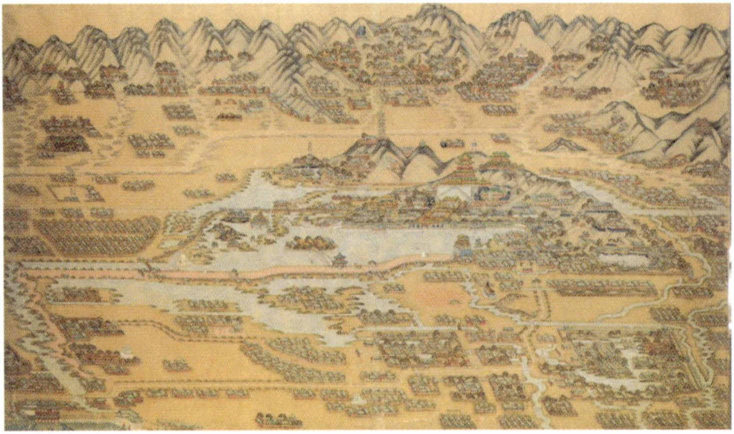

▲ 三山五园全景图（局部）

北京西北郊地势西高东低，西山山脉峰岭连延，地势起伏，植被茂盛，空气湿度较大，中东部为平原，湖泊罗列，尤其泉水丰沛，香山玉乳泉、碧云寺卓锡泉、寿安山樱桃沟泉等泉水顺地势向东流，经玉泉山与南来的万泉河水汇流于翁山泊，明代著名书画家文徵明用“十里青山行画里，双飞白鸟似江南”的诗句来吟诵西郊山水。自辽金始，北京西郊被渐次开发，皇室（明代官宦多有营建寺庙，未见皇帝营建离宫记载）多据此地形势开辟苑囿离宫。玉泉山，辽代建有行宫，金代建有离宫芙蓉殿，元代建有昭化寺，明代建有华严寺，明武宗在翁山泊畔建有钓台。

金代于大定二十六年（1186年）在香山建大永安寺，明昌五年（1194年）以后金章宗七次狩猎驻跸，建祭星台；元皇庆元年（1312年）修缮永安寺，元仁宗、元世祖皆幸临香山；明代，显宦、文人学士的私家园林在西郊营造兴盛，其中书画家米万钟的勺园和武清侯的清华园最负盛名。清代学者吴长元在《宸垣识略》一书中描写西北郊的景色，“流泉满道，或注荒地，或伏草径，或散漫尘沙间。春夏之交，晴云碧树，花香鸟声，秋则乱叶飘丹，冬则积雪凝素”。

时代背景

清代初期满族人进城，北京的残留居民被驱赶出内城向外城居住，当时有约 40 万旗人移居城内或邻近郊区，统治者实施“圈地”政策，大批城郊农地变成“旗地”，满族人从游猎生活转向定居生活。

满族在关外是“逐水草而居”的游猎民族，利用郊野进行军事训练和阅兵已成为惯例。新增满族人口使明后期骤减的人口得到补充，但随之而来的是城内土地紧张的状况。顺治十八年（1661 年）将原设在城内的各旗大校场迁往各旗方位对应的城外，拉开了西北郊旗营建设的序幕。

清代驻扎在京城的军队称为“京师八旗”。八旗按驻地不同，又分为内七营和外三营。外三营驻扎在城外，分别是火器营、圆明园护军和键锐营。护军和健锐营承担园居警卫和保卫香山静宜园、圆明园的任务。

清代康熙年间，正式在西北郊区域进行大规模系统性的皇家园林营建。清廷之所以在入关后于京城西北郊大修皇家园林，除了延续中国历代帝王修建离宫别馆的传统外，更重要的是，清帝出身满洲，属于来自关外白山黑水的游猎民族，与处于农耕文明中的汉族皇帝不同，他们更愿意选择在自由开阔的地方居住，汉族皇帝修造园林多在皇城禁宫内外，而清帝却多选择远离皇城禁宫的郊外山水之地。早在天聪年间，后金便于盛京城外西北郊建造御花园，世祖入关后，于顺治十三年（1656 年）御赐名为长宁寺，今已不存。

三山五园

康熙十六年（1677 年）建香山行宫；康熙十九年（1680 年）建玉泉山行宫澄心园；康熙二十年（1684 年），康熙帝修治清华园故址，营建畅春园；康熙四十八年（1709 年）初建圆明园；乾隆十年（1745 年）营建香山静宜园；乾隆十五年（1750 年）营建玉泉山静明园、万寿山清漪园。至清中期，包括皇子公主、王公大臣的园林在内，这一地区的大小园林发展到 90 余处，形成了以圆明三园（圆明园、长春园、绮春园）为中心的“三山五园”皇家园林群。

三山五园的文化内涵分别是，香山静宜园“动静有养，体智仁也”；玉泉山静明园“风物和畅，林泉静明”；万寿山清漪园“燕山畅情，无双风月”；畅春园是“四德皆元，四时皆春”；圆明园是“圆而入神，明而普照”。

西北郊的“三山五园”为清朝皇城外的第二理政中心，承担着政治、军事、观稼及外交等多种功能。畅春园理政居住，西花园湖泊四处，造园朴素。园林山水设计由宫廷画师叶洮负责，叠山由江南名匠张然负责，引万泉河水入园中。圆明园的丹陵沜，零星水面的沼泽地，疏通合并，形成水岛组合的自然山水空间，万寿山颐和园（前身为清漪园）山水相依，福山寿海，西堤后湖景深丰富。玉泉山静明园依山而建，依水而修，属园包山。香山静宜园因地制宜，幽旷兼备，属山包园。五园各具千秋，形异神合，东自清华，西至香山，凡二十余里，举目园林，飞阁流檐，蔚为大观。

乾隆十年（1745 年）秋，在香山行宫的基础上，乾隆帝开始营建香山静宜园，乾隆十一年（1746 年）园成，占地 2400 余亩，园墙蜿蜒 5 公里，乾隆十二年（1747 年）初，赐名静宜园 28 景。经过二十余年的陆续营建，至乾隆四十五年（1780 年），静宜园形成了内垣、外垣、别垣的园林格局，共有大小景观 80 余处。因地处香山东南山麓，能够接受充足的阳光和凉爽的东南风，视野开阔，景致幽秀，气候宜人，是三山五园中唯一一座严格意义上的山地园林。据乾隆四十八年（1783 年）奏案统计，静宜园内外各座宫殿所有陈设、铺垫、供器等共计 36555 件。至嘉庆二年（1798年）时，供器陈设已增加至42313件，金银珠玉、瓷器珍玩、书籍法帖等陈设琳琅满目，可谓圣域殊胜与质朴典雅并举。

相地征地

乾隆八年（1743年）春，刚过而立之年的乾隆皇帝初游香山，对香山的山林胜景非常喜爱和着迷，感慨地吟咏道："从来不识香山面，一见还如遇故人""从来佳境山灵閟，此地初游始信真"。当他来到圣祖康熙于十六年（1677年）修建的涧碧溪清和行宫时，又站在来青轩圣祖御笔"普照乾坤"的匾额下，追思圣祖并抒发了《来青轩恭瞻皇祖御笔普照乾坤四个大字》一诗。乾隆游赏来青轩时，还与附近普觉寺的住持青崖和尚谈禅论道，在附近的妙高堂品茶，留下"峰含宿润黛螺新，一脉曹溪试问津。憩彼来青之梵室，对兹衣紫者山人。却欣触目皆无滓，不必谈元始远尘。坐久兰烟消篆字，禽声树色总天真"的诗句。接着乾隆又来到了香山寺南的双井泉一带。双井泉水是香山最早有记载的区域，《宛署杂记》云："丹砂泉在香山下，相传为葛稚川丹井。"

后世传说金章宗建西山八大水院的潭水院即在此。除泉水外，临潭还建有栖云楼的建筑。乾隆登楼远眺，近观八旗锦旗招展，

▲ 康熙行宫

中望西郊湖光麦田，远眺帝都气象万千。

香山地区历史悠久，地形独特，有高有凹，有曲有深，林茂泉沛，土脉殊胜，营建皇家御园可谓“自成天然之趣，不烦人事之工”。加之康熙行宫在此，出于对圣祖的仰慕之情和对汉文化的由衷喜爱，深谙儒释道的乾隆秉承园地为山林最胜的宗旨，乐观林壑的审美情趣，家国天下的情怀，营建静宜园。

入夏，乾隆再次来到香山避暑游赏，此次，他心中有了营建静宜园的更加细致的计划和具体实施步骤，那如何变更土地庙产性质？通过民修庙产改为敕建、组织庙僧迁移、果木房屋折价补偿的方式，使其后续工程名正言顺，实施程序合规合法。

乾隆九年（1744 年），香山工程处成立，其后，永安禅寺（香山寺）和洪光寺改为敕建。据内务府《奏销档》，乾隆九年四月十三日，内务府大臣三和禀奏：“永安禅寺并洪光寺，从前因系民庙，其佛前所需香供等项未经官办。今即经敕修，其所需香供等项，理合照历官给。”

从乾隆八年（1743 年）春天初游香山到第二年四月，一年的时间内，内务府对香山两座规模较大的寺院进行了重修。《奏销档》记载了香山工程处拨银收购庙产的事宜。

记载表明，当时征收的庙产，包括永安寺、洪光寺、无量殿、元真庵、朝阳洞。在这些庙里的僧人都被移到各寺下院或者其他寺院居住，内务府给予了相应的补偿，“查得永安寺，洪光寺等五处山场。原有松柏数株，共一千六百余棵，并非果木树株，无庸作价外，其果木树共一千九百四棵。臣等照例每棵作价银五钱，共计银九百五十二两”。

也就是说，只有能够带给僧人收成的果木被折价购买了，土地并没有按照面积大小给予补偿，被迁出的僧人，如果寺内有下院，内务府负责在下院添建僧房。规模较小没有下院的寺庙，则合并至寺院中，并也由内务府出资建房。另外，新园林圈起的范围内还有百姓的果园和住房，这些果树和房产都分别给予折价补偿。

之后，内务府以三千一百八十两的价格，收购了香山行宫附近的庙产和果树，乾隆写诗记述此事：“稍出内府资，买地垂百亩。山僧饱囊，而我足林皋。一举两得之，香山宛我有。”乾隆十二年（1757年），碧云寺扩建工程开工，采用同样的流程，以二十八两纹银的价格收购碧云寺所有果木，将庙僧迁到下院安顿。最终乾隆通过游览香山相地、符合程序征地，完成了营造静宜园的前期准备工作。

开宗明义

中国传统哲学和美学思想中重要的是用“托物言志”和“比

兴”的手法来寄托情感、志向和品格，如用松柏象征坚韧不拔、万古长青；用竹象征谦虚飘逸、高风亮节；用梅象征不屈不挠、峥嵘傲骨。同时中国还有一种比德文化，意谓以自然对象之美来比喻德行修为，从而象征圣人、君子之美德。如《荀子·德行》中所云：“夫玉者，君子比德焉。”

乾隆作为帝王，治理国家是首要，而治国的纲纪准则是什么呢？那就是国之四维。管仲的《管子·牧民》有记载“国有四维”，乾隆作为帝王，治理国家遵循国之四维，礼义廉耻的儒家思想治国，而身为正统和道统秉承君权神援，以江山社稷为重的逻辑比德山水，以智者乐水、仁者乐山，智者动，仁者静，智者乐，仁者寿的智仁山水德、家国天下的观念营建静宜园。乾隆御笔《静宜园记》清晰载明：“朴俭是崇，志则先也。动静有养，体智仁也。名曰静宜，本周子之意，或有合于先天也。”这位二十五岁登基，在位六十年，文治武功，自诩十全老人的帝王营造静宜园的初衷，静宜园的园名就取自北宋大儒学家、理学家周敦颐《通书·圣学》，“无欲则静虚动直，静虚则明，明则通；动直则公，公则溥。明通公溥，庶矣乎”之意。明通公溥，是圣人的标准，作为帝王还需德配其位，方能天赐正气，恩泽天下。

乾隆二十六年（1761 年）《赋得智仁山水德》有记载：“山水自山水，智仁实智仁。见之斯有谓，乐者岂无因。动处皆天趣，

▲ 乾隆着汉装

▲ 静宜园印章

▲ 清代董邦达绘 静宜园图（局部）

静常与物亲。出虚依峭蓓，入影漾涟沦。互妙浑泯迹，相彰益契神。凭观师法在，孰曰祇游巡。”

巧于因借

借景是中国园林艺术的传统手法，一座园林的面积和空间是有限的，为了拓展景物的深度和广度，丰富游赏的内容，因地制宜地营建各处景点，除了在园内运用协调统一、变化多端、迂回曲折等造园手法外，还常常运用借景的手法，收无限于有限之中。做到“园虽别内外，得景则无拘远近”。

借景有因，依托因地制宜，巧妙地运用“嘉则收之，劣则摒之”的原则，若站在香山香炉峰上，俯瞰京城，三山五园连绵成片，视线由西向东，透过玉泉山的玉峰塔和妙高塔，穿过万寿山的佛香阁，远眺奥森公园的玲珑塔和类似大图钉的观光塔，那就是中轴线和东西视线的交汇点。

三山五园东西向视觉轴线与北京的中轴线同等重要，中轴线是左右中心线、南北子午线、天地之中经线，代表国家的政治、历史和文化，是帝都的脊梁。三山五园自西向东的神秘轴线，不仅是简单的看与被看的视线关系，而是天地之中的纬线，代表着治国、生态和文脉，是京城的魂魄。南北的中轴线和东西向的皇家园林线，一条经线，一条纬线，构成了天和地之线，就是中华

▲ 香山顶远眺玉泉山、万寿山

文明最好的诠释：经天纬地，照临四方。

以香山为代表的西山作为京城西部的天际线和底景，作为帝王的乾隆在通盘考量西北郊皇家园林时，将视野拓展到整个京城的范围，《乐善堂全集定本》卷二十四记载：银屏重叠湛虚明，朗朗峰头对帝京。乾隆御制诗《香山静室作》："云端纵目恰云开，一俯皇都亦壮哉。"普天之下莫非王土，西山拱卫帝都，帝都借景西山，香山与帝都对借成景，演绎着一城一山千年的故事。

三山五园之间也存在互为因借的关系，颐和园的"湖山真意"远借西山为背景，近借玉泉山，在夕阳西下、落霞满天时赏景，

景象曼妙。玉泉山静明园借香山静宜园和颐和园的力寿山、昆明湖为背景，四时风月一身闲，远山近水总相宜。畅春园和圆明园借万寿山、玉泉山和香山之景。由“孤山”到“鞍山”，再到“香山”，山一重，水一重，山水相依，山层峦叠嶂，水脉络相通，可谓风光无限好，谁能识其全？问君几何愁，恰在春水流。香山则近借玉泉山静明园、万寿山清漪园，中借圆明园、畅春园，远借帝都。从山到水，从水到城，天与地接壤之处，澄怀远眺，心旷神怡，会心境远，何必闲想濠濮呢？五园无借不成景，三山都在借景中。

香山静宜园内部同样存在借景关系，外师造化，中得心源，巧于因借，精在体宜。有近借、远借、邻借、互借、仰借、俯借、应时借、应景借之多。静宜园这幅立体的丹青山水画卷，只有置身其中，才能感受到步移景异的妙处。如香山东南山的青未了借香山寺、来青轩、中宫、昭庙和碧云寺，形成园内主景的借景和对景，同时作为连接点，让园内主景通过青未了借园外之景，其大无外，其小无内，巧妙无比。玉华岫邻借洪光寺、阆风亭、芙蓉馆及南山的红叶林，精妙绝伦。森玉笏借山中巨峰，晞阳阿借朝阳洞，绚秋林借南山的黄栌林，隔云钟借碧云寺、香山寺、卧佛寺、宝胜寺等寺的古刹钟声，这种因地制宜，应时相借，玄妙至极。

经营布局

南朝齐时画家、理论家谢赫（479—502年）在《古画品录》中提出了中国古典绘画艺术及品评的六法，即气韵生动、骨法用笔、应物象形、随类赋彩、经营位置、传移模写。其中的经营位置就是布局谋篇，是以平面书画为载体，反映绘画内容题材的空间筹划，更深层的是画家心性的谋划。中国园林是诗与画的互为转换，诗中有画，画中有诗。

香山静宜园作为皇家御园经营布局，尽显自然和人工之美，除了巧于因借，还精在体宜。因地制宜、因时制宜、因事制宜、因景制宜、因迹制宜的五宜，承载着帝王的敬天法祖、家国情怀、宗教信仰、澄怀托志及敕几清暇。静宜园大小景点八十余处，宛若天上的繁星坠落人间仙境一般，星罗棋布极为自然地分布在香山这片神奇的山林间。有高有凹、有曲有深、有峻有悬、有主有次、有静有动、有藏有露，天然造化生成，与山林融为一体，虽由人作，宛自天开，加之巧妙的叠山理水和植物配置，体现了中国“天人合一”的哲学观、思想观和审美观。

静宜园的经营布局依据“万山突而止，两崖南北抱”的选址原则，主体景点建筑集中分布在负阴抱阳的山形之中，分内垣、外垣、别垣三垣，其中内垣二十景、外垣八景，合称静宜园二十八景。内垣是园内主要建筑荟萃之地，如宫殿、梵刹、轩榭及庭院等各类建筑物，皆能依山就势，点缀在香山自然风景中。外垣在中高部山区，以山林景观为主，地势开阔高峻，内外园景一览无余，有著名的燕京八景之一西山晴雪。外垣接近山麓，选址营建，同样尊崇上理，有昭庙和见心斋两处较大的建筑群。

君权神授，神权天授，静宜园的三垣二十八景，实为中国古代天文的“三垣二十八宿”，中国古代为了认识星辰和观测天象，把天空分为三垣，即紫微垣、太微垣、天市垣。为了便于观测日、月和五大行星（金、木、水、火、土）的运转，将黄道、天赤道附近的星座选出二十八星作为标志，合称二十八星宿。

三垣中紫微垣是三垣的中垣，众星供北辰，居于北天中央，所以又称中宫，或称紫微宫，紫微宫即皇宫的意思。北京故宫，又称紫禁城，是同样的道理。静宜园的中宫虚朗斋，就是帝王的居所。二十八景如天上的二十八星宿一般镶嵌在香山，标志着国家一统、道统天下，彰显着君权天授的合法性、严肃性和权威性。

内垣二十景分别为：勤政殿、丽瞩楼、绿云舫、虚朗斋、璎珞岩、翠微亭、青未了、驯鹿坡、蟾蜍峰、栖云楼、知乐濠、香山寺、听法松、来青轩、唳霜皋、香岩室、霞标蹬、玉乳泉、绚秋林、雨香馆。以驻跸理政、拈香礼佛及敕几清暇为主。

外垣八景为：晞阳阿、芙蓉坪、香雾窟、栖月崖、重翠堎、玉华岫、森玉笏、隔云钟。燕京八景之一的西山晴雪，以澄怀托志，揽胜风景为主。

别垣包括宗镜大昭之庙和园中园见心斋。促进民族团结、民族交流、读书游赏为主。

内垣二十景也分为自然景观和人文景观，人文景观又由组团建筑和单体建筑构成。其中，自然景观有蟾蜍峰、听法松；组团建筑有勤政殿、虚朗斋（中宫）、丽瞩楼、香山寺、雨香馆等。

致远斋虽不是二十八景之一，但却是静宜园的一组重要景点，由致远斋、韵琴斋、听雪轩三部分组成。始建于 1761 年，院落分东西两部，东院环廊铺装开阔宏大，西院叠石水景精巧雅致，一实一虚，相映成辉。南侧曲水跨桥，垂花门入口，致远斋主体建筑面阔五间，一殿两卷式硬山建筑。西部韵琴斋和听雪轩隔池相望，颇具风情，以泉声比作琴声，泉石相遇，琴鸣自宜。曾是乾隆皇帝在香山的理政之所，史料记载，乾隆皇帝在位 60 年，曾 80 余次来到香山，在致远斋驻留时间长达 253 天，乾隆“十全武功”中的绝大部分决策也都是在这里完成的。

单体建筑有翠微亭、绿云舫、玉乳泉、霞标磴等，各个景点通过线性的道路进行连接，如绿云舫、玉乳泉、雨香馆三处景点，依壑傍涧，临水修葺，藏于山林间，尽显深幽静寂、恬淡自然。

外垣的八景大部分为组团建筑，或封闭成院，或开敞成景，或耸立山脊，通过一条条青石路、碎石路，还有跨越山涧的青石独板小桥有机地串联起来，元代大诗人张养浩有诗曰：“山行弥日山益奇，乱峰挟翠如吾随。游人联蚁度林杪，细路一线云间垂。”就是这样的条条细路，垂落在人间仙境的香山中，被游人磨得光溜溜的。青石板石桥斑驳的栏板，规整的线脚，尤其是被铁钉锔过，流淌的锈痕，见证了一代王朝的兴衰，静静地诉说着无言的故事。

别垣的宗镜大昭之庙（简称昭庙）与见心斋在两崖怀抱中，比邻内垣，俯瞰京城。昭庙原为皇家仙境鹿苑，为汉藏结合的建筑形式，鎏金筒瓦的五智殿、都罡殿、红白台显然就是一个立体曼陀罗，聚集福德与智慧，沟通心中的小宇宙和身外的大宇宙。

见心斋始建于明代嘉靖年间（1522 年），清嘉庆年间重修（1796 年），颇有江南园林风格。整个院落因地制宜，东部水景，

▲致远斋庭院韵琴斋

▲见心斋

▲ 瑞雪见心斋

西部山景，一山一水形成对比。南入口曲径通幽，北入口豁然开朗，尤其是北面的冰盘檐门洞，堪称建筑史上的独绝。水景随墙游廊围绕水池，粉墙漏窗，一汪碧水，硕大的锦鲤，结队游弋，招人喜爱。西北角内延的曲尺水口，宛若源头疏水无尽，站在知鱼亭向西观，偏南的见心斋，退后的来芬阁，探出的半山亭，透着节奏感，犹如一首凝固的音乐。见心斋，明心见性，亦见人心，亦见天心。嘉庆七律："虚檐流水息尘襟，静觉澄明妙悟深，山鸟自啼花自落，循环无已见天心。"斋后山石嶙峋，厅堂依山而建，正中有正凝堂，已可谓是"正影松含照，凝和云吐英"。

三垣环以墙垣，立宫门五楹。即内垣建六门，曰东南门、东北门、约白门，西南曰如意门，西北曰中亭子门，北曰进膳门。别垣四合门与碧云寺相隔。乾隆十一年（1746 年）赐名香山静宜园，并从 80 处景点中遴选二十八景，配御制诗文，可谓君权神授，神权天授，天上的二十八星宿，香山的二十八景，紫霞染中宫，道统天下。

二十八景

勤政殿为香山静宜园二十八景之首，位于香山静宜园东宫门内，东面东宫门，前有月牙水池，南西北三面叠石高耸环抱，山坡后藏玉带水渠，引南面呈叠水瀑布下坠一小方池，殿后正西山石顶部，树一剑石，乾隆御笔"紫霞天"，暗喻紫薇垣，帝之所处，因“紫”字风化脱落，世人鲜知，甚为惋惜。

西南山石磴道，侧壁高处有一山石刻“凤味”二字，为乾隆御笔，取自苏东坡《论文房四宝》中“龙尾珍品凤味砚铭，咮当鸟喙”之讲。叠石门洞，安悬卡撑，巧夺天工，曲径磴道，跨桥连接古松柏林，勤政殿之境，虽由人作，宛自天开，可谓风水绝佳之处。

乾隆皇帝以家法传勤政，暨皇祖康熙皇帝在西苑、皇考雍正皇帝在圆明园视事之所，都以勤政殿命名为榜样，也将静宜园内的视事之所，命名为勤政殿，取意勤政务本、勤于思政，以此来昭示继承勤政的祖训，勉励自己勤于政务，正如《静宜园记》曰：“殿曰勤政，朝夕是临，与群臣咨政要而筹民瘼，如圆明园也。”

大殿外檐悬挂乾隆御笔“勤政殿”蓝底金字盘龙斗匾，殿内额题“与和气游”，此语出自《汉书·王褒传》载圣主得贤臣颂：“恩从祥风翱，德与和气游。”寓意皇帝的恩德要像祥瑞的风和气一样无所不在，无处不存，体现皇恩浩荡，润泽天下之意。

柱上悬挂乾隆御书楹联，上联“林月映宵衣，寮寀一堂师帝典”，下联“松风传昼漏，农桑四野绘豳图”，意为天还未亮，林间的月光照在自己宵衣上，殿内香气缭绕，此时正与群臣研习先帝留下的治国典籍，商讨国家政事。万籁俱静的香山，忽闻松涛声响起，恰逢滴漏报时，抬眼遥望东方，看到农田繁忙的景致，宛如一幅优美的画卷。此联真实地反映了乾隆帝希冀苍生福泽，天下大同的治国理念。

▲ 勤政殿南侧叠水水池

▲ 勤政殿西南掇山蹬道

▲ 勤政殿后紫霞天石刻

殿内南墙挂礼部尚书董邦达绘的静宜园二十八景图，北墙挂东阁大学士梁诗正敬书《静宜园记》。

丽瞩楼位于勤政殿后，是乾隆帝为圣母皇太后游香山修建的驻宿之所。丽瞩楼御制诗“缘石蹬左右上，华表桀峙，岑楼隐峰，审曲面势，时惟朝阳，因山为基，斯楼最其胜处”。主要建筑有丽瞩楼、清寄轩、日夕佳亭、横秀馆、后照殿等，清寄轩为乾隆皇帝之圣母皇太后游览香山时的寝宫。崇庆皇太后，卒于乾隆四十二年正月二十三（1777 年 3 月 2 日），乾隆皇帝在历史上被称为最孝顺的皇帝，他在乾隆四十四年（1779 年）再次来到丽瞩楼时深有感触，写下：“触目感相关，云轩廿载间。向年祝厘景，挥泪对苍山。”御制诗文。

绿云舫位于丽瞩楼西侧，乾隆皇帝以园中水皆涓涓细流，不任舟楫，因仿避暑山庄“云帆月舫”为斋室，而以舫命名，并御制诗文“载舟覆舟为鉴，又岂独在水哉”！作为统治者要居安思危，时刻警醒，顺应天意，体察民情，了解民意，执政为民，为民服务。

虚朗斋位于丽瞩楼南，原为康熙行宫，乾隆十一年（1746 年）建香山静宜园时将此处改为中宫，中宫即中垣，中垣居北天中央，或称紫微宫。其东门“涧碧溪清”为康熙皇帝御题，乾隆皇帝到香山时常驻跸于此。中宫四方各设有宫门，组团建筑，斋堂阁楼，蔚为壮观。虚朗斋位于中宫东南方向，周围有画禅室、旷真阁、学古堂、伫芳楼等建筑及“曲水流觞”庭院景观。虚朗斋为乾隆

▲ 静宜园东宫门及勤政殿原貌图

▲ 勤政殿内原状陈设

▲ 丽瞩楼原貌图

▲ 璎珞岩原貌图

▲ 虚朗斋原貌图

▲ 绿云舫原貌图

皇帝驻跸之所，其意为“虚静则明朗”，与《静宜园记》中“名曰静宜，本周子之意或有合于先天也”相对应。画禅室取董其昌的书斋名，乾隆酷爱书画，曾收藏“四美具”在此鉴赏，何为“四美具”？其典故出自晋朝谢灵运《拟魏太子邺中集诗序》，天下良辰、美景、赏心、乐事，四者聚齐，就叫“四美具”。而乾隆的“四美具”则是四张名画：《女史箴图》《蜀江图》《九歌图》和《潇湘卧游图》。“四美具”分散在世界各地，《女史箴图》在大英博物馆，《蜀江图》在华盛顿佛利尔博物馆，《九歌图》其中两卷在国家博物馆，《潇湘卧游图》在东京国立博物馆，命运的分合令人叹惋不已。中宫虚朗斋公元1860年遭英法联军焚毁。1920年，熊希龄在静宜园中宫遗址上建慈幼院女校。

1979年，香山饭店由美籍华人建筑师贝聿铭设计，北京第六建筑公司施工，庭院园林由北京市园林设计所设计，园林局绿化处二大队施工。1982年10月17日竣工开业，营业至今。

璎珞岩位于虚朗斋西南，由清音亭、绿云深处、横云馆及叠石山泉组成。叠石如屏，泉水自岩穴中流出漫流其间，倾者如注，散者如滴、如连珠、如玉串，飞洒下来如雨，飞溅起来如雹。萦绕曲回于绿色的石壁间，潨潨众响，如弹奏水乐。故亭为清音，石为璎珞。璎珞为佛像颈间的一种装饰，由世间众宝所成，寓意为“无量光明”。叠石下处有乾隆御笔璎珞岩诗文石刻。

翠微亭位于香山饭店南侧，六角攒尖亭，入夏千章绿荫，禽

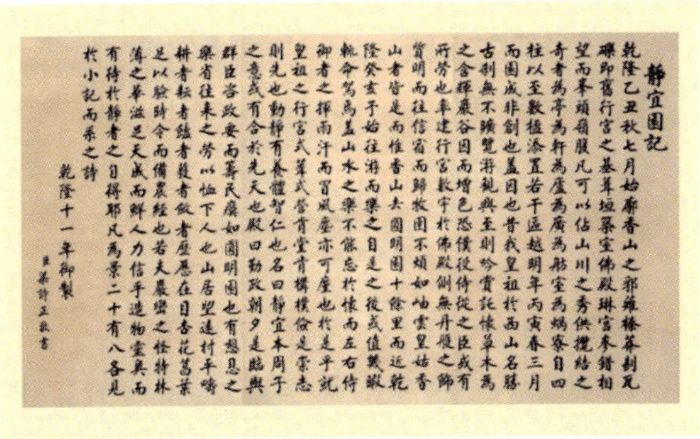

静宜園記

乾隆乙丑秋七月始廓香山之郛薙榛莽剔瓦
礫即舊行宮之基葺垣築室佛殿琳宮參錯相
望而率順巖服凡可以佔山川之秀供攬結之
奇者為亭為軒為廬為廣為舫室為蝸寮自四
柱以至數楹添置若干區越明年丙寅春三月
而園成非創也蓋因也昔我皇祖於西山名勝
古剎無不臨覽游觀興至則吟賞託懷草木為
之含輝巖谷因而增色恐價役侍從之臣或有
所勞也率建行宮數宇於佛殿側無丹雘之飾
質明而往信宿而歸牧園不煩如岫雲皇姑香
山者皆是而惟香山去圓明園十餘里而近乾
隆癸亥予始往游而樂之自是之後或值幾暇
輒命駕焉蓋山水之樂不能忘於懷而左右侍
御者之揮雨汗而冒風塵亦可屢也於是乎就
皇祖之行宮式葺式營肯堂肯構模俭是崇志
則先也動靜有養體智仁也名曰靜宜本周子
之意或有合於先天也殿曰勤政朝夕是臨與
群臣咨政要而籌民瘼如圓明園也有憩息之
樂有往來之勞以恤下人也山居望遠村平疇
耕者耘者饁者穫者斂者歷歷在目杏花菖葉
足以驗時令而備農經也若夫巖巒之怪特林
薄之華滋足天成而鮮人力信乎造物靈異而
有待於靜者之自得耶凡為景二十有八各見
於小記而系之詩

乾隆十一年御製

臣梁詩正敬書

▲ 勤政殿北墙《静宜园记》

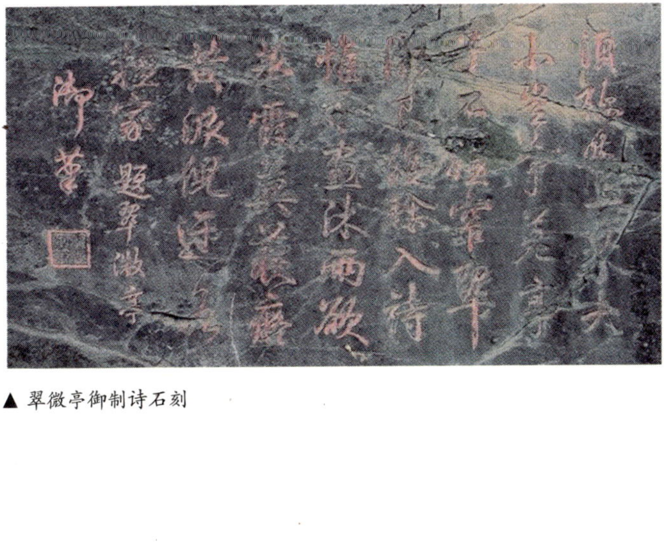

▲ 翠微亭御制诗石刻

声上下，秋冬木叶尽脱，寒柯萧槭，天然倪迂小景。乾隆皇帝以倪迂小景点明此景含义，此景如元代画家倪瓒笔下的一幅画卷一般。亭东侧石壁之上有乾隆御笔《翠微亭》“莫羡痴黄派，倪迂各擅家”。

“莫羡痴黄派”指的是黄公望，画有著名画作《富春山居图》，黄公望自题落款为“大痴道人平阳黄公望”，因此黄公望又被称为大痴道人。

乾隆在题翠微亭御制诗时已经看过两张《富春山居图》，第一幅为乾隆十年（1745 年）征入宫中，乾隆见到后爱不释手，并珍藏在身边,取出欣赏时在6米多长卷留白处赋诗题词,钤盖印章。而第二年，他又得到了另外一幅《富春山居图》。两幅《富春山居图》，一真一假，而又真假难辨。最后，乾隆皇帝坚定地认为后征入宫的第二幅“无用师卷”为赝品，并将自己的鉴定结果命大臣梁诗正书于画卷之上。

真假《富春山居图》，弄得乾隆皇帝十分郁闷，但君无戏言，只好自己给自己找个台阶下，命梁诗正题字，任后人评说。

青未了位于东宫门右臂，南山别嶂，内观香山群峰苍翠，静宜园美景尽收眼底。外眺玉泉山和昆明湖，蔚若点黛，都城烟树，隐约可辨。亭名出自杜甫《望岳》诗：“岱宗夫如何？齐鲁青未了，会当凌绝顶，一览众山小。”

驯鹿坡位于蟾蜍峰下双清以东至翠微亭南山坡上一带，并设有鹿园，为宁古塔将军进贡驯鹿所养之处，“我闻方蓬海中央，仙人来往骑白鹿。”描写的正是皇家御园追求的人间仙境。

蟾蜍峰位于香山寺南侧，有两块天然奇石，元代萨都剌（约1272—1355年）曾写有《香山八景》诗：“山腹双双翠出尖，游人原不厌观瞻。”乾隆御制诗“试看蹲海物，将欲补山经”赞叹奇石。

栖云楼位于香山寺西麓，现双清别墅院内。乾隆八年（1743年）曾初游至此，右倚层岩，左瞰远岫，堂密荟蔚，致颇幽秀。整个院落由栖云楼、松坞云庄、凭襟致爽、山水清音戏台、天池、青霞堆亭、围廊、双清泉等景观组合而成。乾隆皇帝在此御制栖云楼诗三十余首，驻跸香山之时经常召见藏传佛教四大活佛之一的“章嘉国师”谈禅讲经，在乾隆五十一年（1786年）《题栖云楼》御制诗中解释道：“章嘉国师虽番僧，而清文、汉文无不深通，戒律精严，老成宿学，尝居法海寺。驻静宜园，必召见此室，咨国语、翻藏经事，偶谈禅理，深契三昧，乃于五台别后遂尔示寂。虽生灭本无，而即境未免怆然，亦予结习之未净也。”1860年被英法联军焚毁。1920年熊希龄在香山成立慈幼院，将其更名为双清别墅。1949年3月25日，中共中央书记处及人民解放军总部从西柏坡迁至北平，毛泽东居住在双清别墅。

知乐濠原为香山寺前放生水池。乾隆皇帝御制诗文“淙淙鸣曲注，然否是濠梁？得趣知鱼乐，忘机狎鸟翔”。此诗取自《庄

▲ 元代黄公望无用师卷《富春山居图》（局部一）

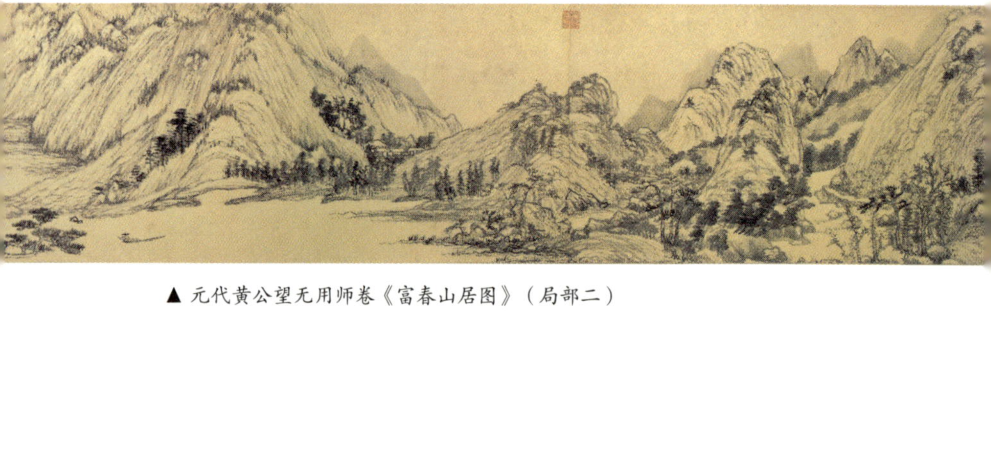

▲ 元代黄公望无用师卷《富春山居图》（局部二）

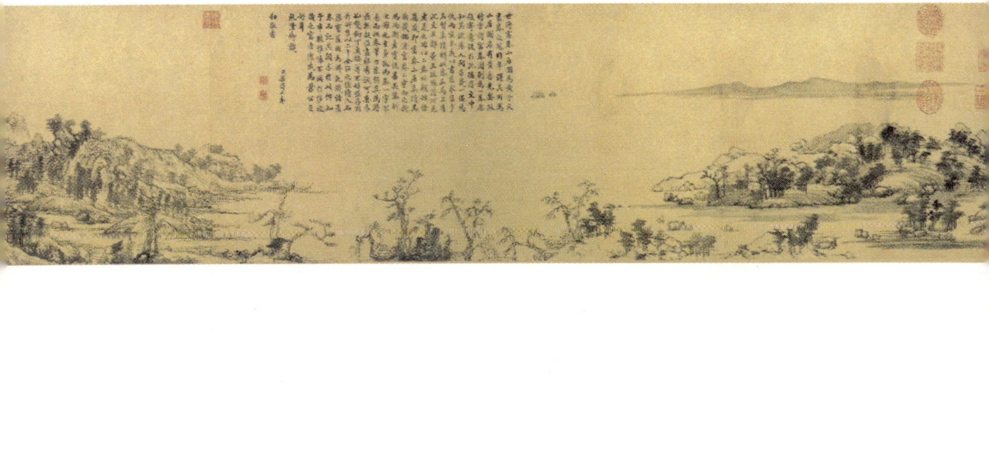

▲ 青未了原貌图

▲ 蟾蜍峰

▲ 栖云楼原貌图

▲ 知乐濠

子·秋水篇》："子非我，安知我不知鱼之乐？"体现了乾隆对老庄思辨哲理的传承，领悟人生逍遥游的真谛。

庄严殊胜

香山永安寺负阴抱阳，依山借势，由低到高，层层递进，金碧辉煌，雕梁画栋，开合有度，在有限的空间中创造了流动灵活、自由多变的景域，使园林之美与建筑之类融为一体，具有层次感和景深感。

寺院第一层，南面为四柱三间冲天式牌楼一座，路两侧至知乐濠是一条买卖街，街内设有山神庙、财神庙、龙王庙及馨远斋、万兴号、鉴古堂、天馥斋、广源号、万顺号、福寿斋、源增号、登云斋、庆春楼等数十家商铺，当年乾隆皇帝拈香礼佛及为母亲举办七十、八十大寿赐三班九老宴游香山时，由宫女、园吏及太监们扮成各式商号经营者，寺院前呈现出一派繁荣喧闹的市井图画。

街尽头为"知乐濠"，知乐濠西南建有龙王庙、西北建有财神庙。

第二道四柱三楹冲天式牌楼上嵌乾隆御笔"香云入座"匾额，南北立两根旗杆，上为一座三楹歇山式接引佛殿，殿宇两侧是八字雕花看面墙，殿外前檐向东挂"香山永安寺"匾。

第二层为一座三楹歇山式天王殿，前后门上挂乾隆御笔粉油蓝字诗意匾两面。

第三层天王殿后平台两侧建有钟楼、鼓楼，北侧有乾隆三十八年（1773 年）御制“娑罗树歌”碑一通。

娑罗树歌碑石碑为正四方体，碑首为四龙脊，碑身用满、汉、蒙、藏四种文字镌刻《娑罗树歌》，其方向分别为东侧刻满文，南侧刻汉文，西侧刻藏文，北侧刻蒙文。须弥座四角精雕金刚力士呈跪姿托碑状，东、南、西、北四方各有金刚武士手持兵刃镇守护卫石碑。

乾隆皇帝在其诗中解释道，从乾隆八年（1743 年）开始游香山至今已经有三十年，写香山的诗不下数百首，而香山寺里如此大的一株娑罗树竟从未被吟咏过，真是觉得有些不可思议。其御制诗全文如下：

震旦号交让，梵天称娑罗。
交让虚名谁则见？娑罗实有而弗多。
徒传巴陵及伊洛，佛宇对峙耸枝柯。
香山寺前今见一，千年外物犹婆娑。
巨本拥肿干堛堀，轮囷如岳森嵯峨。
郁葱叶叶必七瓣，定力院契欧阳哦。
我闻如是佛成道，八佛八树名殊科。
毗舍浮证涅槃际，即此娑罗诚非讹。

▲ 东侧守护金刚

▲ 南侧守护金刚

▲ 娑罗树歌碑（贾政摄）

▲ 西侧守护金刚

▲ 北侧守护金刚

梵僧攀泣思往事（见荆南记），未识佛在理则那。

笑我卅年未经咏，或者有待今斯过。

（癸亥始游香山，至今三十年矣，成诗不下数百首，而未经咏此树。）

万劫一瞬应视此，视此灵根戢毗恒。

友优昙（拘那含牟尼佛成道树）及普陀（毗婆尸佛成道树）。

落款：乾隆癸巳闰春月下浣御笔

再上，南北各设坛城一座。南边坛城为重檐八角形，中间向东供呀吗哒噶坛城一座，佛面向东供东边牌楼，其里是白色，南面黄色，西面红色，北面绿色，供佛十三尊。北边坛城中间内向东供药王佛坛城一座，佛面向东供东西牌，其里是白色，北面绿色，西面红色，南面黄色，供佛三十七尊。

上南有山神庙、北有土地庙各一座；石阶上建有冲天式牌楼一座。

第四层为圆灵应现殿配殿南北各三间。南为文殊殿，北为普贤殿。再上为圆灵应现殿，面阔七间，进深三间的歇山式建筑，面积为 788 平方米，是静宜园内体量最大的单体建筑，正殿外檐向东挂“圆灵应现”匾，乾隆御书蓝地铜字。殿前立一座大石屏，汉白玉石基台上镶嵌三方碑刻。

▲ 香山寺石屏（贾政摄）

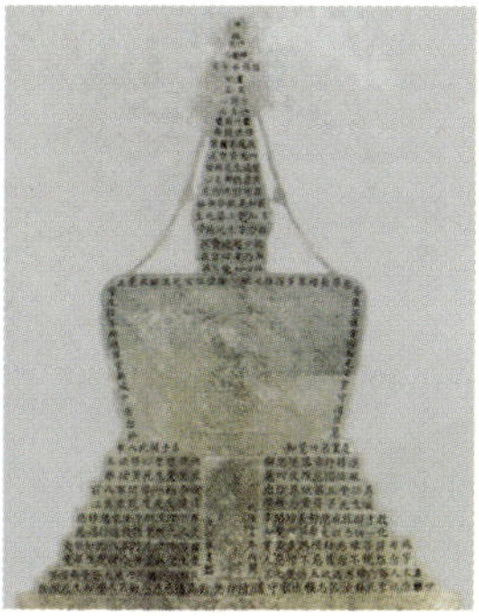

▲ 乾隆敬书《八大人觉经》

▲ 文殊菩萨像

▲ 燃灯古佛像

▲ 观音菩萨

东侧分别镌刻乾隆皇帝敬书《般若波罗蜜多心经》《金刚般若波罗蜜经》《八大人觉经》，西侧自左至右镌刻乾隆十四年绘制的文殊菩萨、燃灯古佛、观音菩萨像，右上角题刻乾隆御赞。

燃灯古佛像御赞：威音那畔，周穆王时。孰今孰古，不即不离。偶然示现，丈六金身。朗朗满月，蔼蔼光春。衣水纹衣，无言袖手。试问三乘，能外此否。吴门高第，曰惟贯休。重摩真迹，法喜随流。

文殊菩萨御赞：把卷执釖，祛魔庶生。是以臣子，无虑无营。不生何度，万魔何祛。设曰诸进，视此□□。

观音菩萨御赞：水在瓶中，风还柳上。风水相遭，如是现相。兜罗帕首，端坐佛陀。不可思议，合掌摩诃。

在香山寺圆灵应现大殿后面的石壁正中镶着块石刻，英法联军焚烧香山寺时，大殿坍塌，熊熊大火燎烧石刻，致使石刻上面的字迹涣漫不清，模糊之间，偶识几个字，其他极难辨认，甚为遗憾。每当上午的阳光斜照，恰巧成45度角时，石壁上阴刻出凹凸不平的字迹，被阳光照射得线脚分明，瞬间部分显现出来，原来是乾隆五十二年《石缝出松柏十三韵》成长句："石缝出松柏，此理妙堪省。缘砌石为磴，盘旋陟高迥。或夹沟为岸，以御山水涌。盖经千百年，灰性合土永。砌石或裂缝，而亦无人整。松柏树之子，落缝随风顷。雨露之所濡，地气之所领。冒缝出枝梢，直上生以挺。大者已合抱，小者亦把拱。岂无枳棘类，凋落那能并。乃知树有真，贞坚自性秉。因悟天与然，不与凡木等。设以人力为，郭橐技难逞。"

由此诗文记载，可见当时的墙壁上松柏茂盛，依壁而生，极为神奇，堪称香山寺的奇绝，幸好乾隆帝把它记载下来，并刻石镶于此，没有那一缕阳光和潜心的慧眼，估计将永远是个谜。

第五层经圆灵应现大殿两侧罩子门，进入寺院最精彩的后苑，高台之上为“眼界宽”敞厅一座三间，南北各衔四十六间游廊，依山萦回与青霞寄逸楼相连，廊下内侧磴道相连，可至水月空明殿。北侧假山磴道旁立乾隆皇帝御笔“抱云挂月”，南侧假山磴道旁立“太华飞云”石刻。假山环拥“薝蔔香林”六方楼阁一座，三层。阁外一层前檐向东挂“薝蔔香林”匾，第二层外前檐向东挂“无住法轮”匾，第三层内隔断上挂“能仁妙觉”匾，外前檐向东挂“光明莲界”匾。

第六层为水月空明殿，一座三间，外檐向东挂“水月空明”匾。

第七层为青霞寄逸楼，三楹两层歇山顶，楼外上下前檐一层向东悬挂“青霞寄逸”匾，第二层向东悬挂“鹫峰云涌”匾。

听法松原树位于香山寺天王殿台下，虬枝秀挺，百尺乔耸。《日下旧闻考》记载：“听法松三字镌石栏上，为二十八景之一。”听法松御制诗有“点头曾有石，听法讵无松”，现香山寺内所标识的两株听法松为民国时期陈兴亚所题。

来青轩位于香山寺北侧，主殿内供观世音菩萨称观音阁，西为妙高堂、东为来青轩。明代程敏政《篁墩文集》中有《香山永安禅寺观音阁重修记》记载：“观音阁据寺东隅，视诸阁尤俊。阁久见圮，寺主左善世定皑东白募修之。太监李公兴、陈公冕为之上闻，诏以明年竣事。东白常熟人，弘慈禅师玉涧清工再传之弟子。”弘治四年（1491 年）七月，通过募捐方式重修了香山寺观音阁。

来青轩为殿五楹位于观音阁东侧，明神宗万历皇帝朱翊钧（1563—1620 年）御题来青轩匾额。清康熙皇帝于轩内御题“普照乾坤”四个大字，乾隆八年弘历初游香山时即来此瞻仰圣祖康熙皇帝御书的“普照乾坤”匾额，在《初游香山》诗中称为“旋启来青轩，天藻瞻颜柳”，写下《来青轩恭瞻皇祖御笔普照乾坤四大字》御制诗一首：

胜地绝尘喧，璇题耀网轩。
余波流墨浉，健法突钗痕。
尚睹云烟润，因惊岁月奔。
圣情空想像，长此照乾坤。

1860 年，来青轩被英法联军焚毁。1920 年，改建成近现代建筑，曾用作旅馆、慈幼院学生宿舍。1949 年 3 月，中共中央进驻香山时，毛泽东主席在双清别墅居住和工作，朱德、刘少奇、周恩来、任弼时“四大书记”在此办公居住。

唳霜皋位于洪光寺西，现白松亭东侧，为一六方亭，其旁边有栅栏，饲养海鹤。典出于《诗经・小雅・鹤鸣》“鹤鸣于九皋，声闻于天”。乾隆皇帝在香山养鹤、放鹤，都是营造仙境香山敕几清暇之用。民国期间在唳霜皋西侧建圆亭，取名“白松亭”。

香岩室，据《日下旧闻考》载：“香山寺西北，由盘道上为洪光寺，山门东北向，内建毗卢圆殿，正殿五楹，左为太虚室，又左为香岩室。”乾隆御制香岩室诗序中记载，洪光寺为明代成化年间中官（御马监太监）高丽人郑同营建，相传毗卢圆殿是仿照高丽国金刚山上的殿宇修建。毗卢圆殿额曰“光明三昧”，正殿后檐额曰，“慈云常荫”，皆圣祖康熙御书。正殿内额曰“香岩净域”，寺后门外坊座前额曰“蕙馨”，后曰“芝采”，皆乾隆御书。圣祖康熙御制《洪光寺盘道》诗：“白云飞夏日，斜径尽崎岖。仙阜崇高异，神州览眺殊。”洪光寺盘道，就是现在的十八盘，如龙行一般九曲十八弯，抵达香岩净域。香岩室诗序还载明“香岩室前，累石为磴，凡九曲，历十八盘而上，仿佛李思训、王维画蜀山栈道。山势耸拔，取径以纡而得夷。非五回之岭，九折之坂崭绝而不可上者比也。”1860 年被英法联军焚毁。民国时期田中玉（1869—1935 年）在此修建洪光寺别墅。

霞标蹬位于来青轩北侧盘道约 60 米处，建筑为三间歇山式敞亭，建在虎皮石台基之上，是观赏旭日东升和朝霞漫天的绝佳之地，有诗云：“踏蹬看霞起，披林纳月行。”

玉乳泉位于中宫西侧，沿斜向青石板路蜿蜒而上，三间歇山式敞厅建筑，有泉从敞厅的山坡中涌出，清泚可鉴。因高就低，凿有三个水池，水池各满其量，既不溢出又不枯竭。玉乳泉名取自明代宋启《长安可游记》“山有乳峰，时常出现云雾，像庐山、像香炉。峰不知玉液流甘，峰自以泉得名耳”。其东有致佳亭及石潭，西有鷚集崖重檐方亭。

自玉乳泉东侧水潭边，横卧青石，石上长满青苔，上面有鲜为人知的乾隆御笔石刻“藻绿垂绅”。向西北山石观望，其山石仿佛一尊罗汉斜倚而背卧，题有“罗汉影”三字，原为乾隆御题，今已无存，现有题刻为民国时期陈兴亚所题。在鷚集崖边有一似手掌般的巨石，上有乾隆御笔“仙掌”石刻，其中的“仙”字为异体字。沿山路而上，在道边还有一似拳头状的巨石，上面有乾隆御笔石刻“一拳石”。

雨香馆位于玉乳泉西、绚秋林西北，整个庭院由雨香馆、翠微山房、洒兰书屋、林天石海、爬山游廊、揽秀亭等建筑组成。乾隆在其御制诗诗序中解释道：“山中晴雨朝暮各有其胜，而雨景尤奇。油云四起，滃郁栋牖，长风飘洒，倏近倏远。苔石药苗，芬馨郁烈，沉水龙涎，不免烟火气。”雨后的香山，植被所散发出的芳芳香气，沁人心脾。有诗文云：“出云峰更秀，酿雨地斯灵。景写一空白，膏苏万陇青。悦心惟乐岁，养志奉慈宁。何必刘宾客，端称以德馨。”这里面说的“雨香”指“雨之德利农桑”的观稼问农，体现了帝王的家国情怀。

绚秋林位于洪光寺之西北至雨香馆路旁，乾隆御制诗序：“山中之树，嘉者有松、有桧、有柏、有槐、有榆，最大者有银杏、有枫，深秋霜老，丹黄朱翠，幻色炫采。朝旭初射，夕阳返照，绮缬不足拟其丽，巧匠设色不能穷其工。”乾隆以香山秋色“幻色玄彩、丹黄珠翠”的美丽景色点景于此，指的是香山的整体秋色，而非小亭周围之景，建筑为四面出轩的歇山单檐十字亭，亭边两块竖立青石相叠，有乾隆皇帝御题“叠翠”石刻。

晞阳阿在今朝阳洞处。朝阳洞原为一石窟，内供龙神。乾隆多于此祈雨，并于洞檐钦题“朝阳洞”三字。洞上为三间观音殿，御题“净界慈云”匾额。东为晞阳阿三间敞宇，由曲廊与观音殿相连。在此处望见香山的香岩室和来青轩，缥缈云外，景色幽美。晞阳阿取自屈原《楚辞·九歌·少司命》“与女沐兮咸池，晞女发兮阳之阿”之句。晞阳阿北及东各有一牌楼，《日下旧闻考》载：“北坊额曰：丹梯、翠幄，东坊额曰萝圃、秀岑。”1860 年，晞阳阿被英法联军焚毁。

芙蓉坪位于内苑最北侧，坐北向南，三间二层楼宇，西有配殿，东南为寄幽心亭，由环廊连接，院内有乾隆御笔漗鼁井一座，院东宇墙外有静如太古敞厅，西侧沟内坡上有八角秋亭一座。楼后东侧石壁上镌刻乾隆御题“芙蓉坪”及“足底生云霞，臂左招星辰。振衣千仞冈，此语诚可人。到来每徘徊，欲去重逡巡。翘首眺青莲，堪以静六尘”诗文。1860 年被英法联军焚毁，民国时期周作民在原址上修建芙蓉馆。

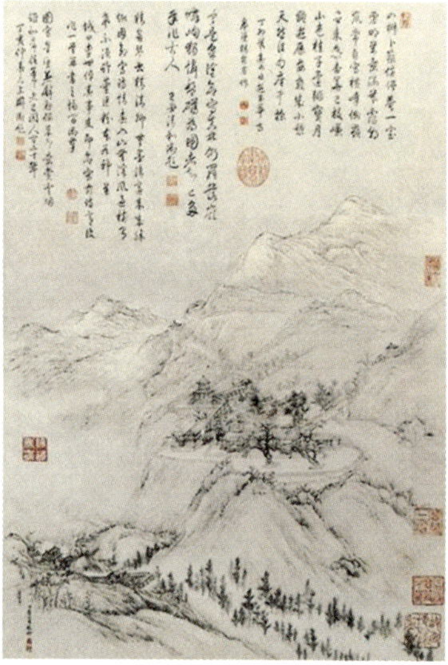

▲李世倬绘乐林泉（局部）

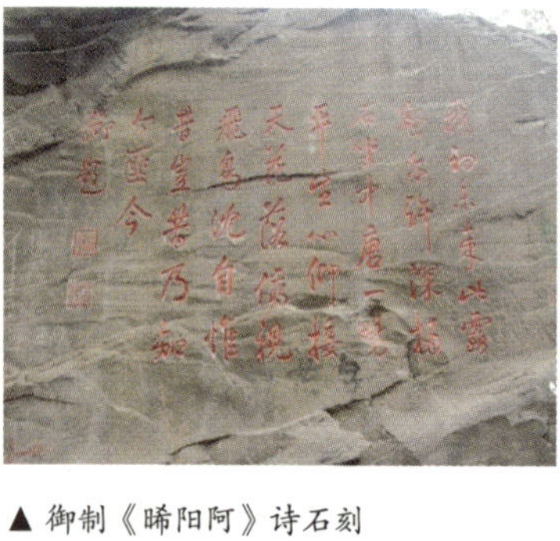

▲ 御制《晞阳阿》诗石刻

▲ 张若澄绘香山二十八景图之霞标磴

香雾窟为静宜园二十八景中最高处景点，又名静室，乾隆皇帝又称之为最高处，有御制香雾窟诗“将谓最高处，更有无穷境”。东面有开敞的平地，俗称“平台”。东西南北各有4个牌坊，东面是虹梁、月镜；西面是香圃、琪琳；南面是环绮、攒罗；北面是翠壑、丹梯。而西面的牌坊作为香雾窟组团建筑的前置标识，用以界定空间，起到连接与过渡之用。

整个景区内由香雾窟、静室、竹庐精舍、镜烟楼、集虚室等建筑组成，在平台东南角有一座四方小有亭。香山不仅是人间仙境，也是梵天圣境，相传佛祖释迦牟尼就在静室中禅修。香雾窟作为最高处，乾隆皇帝贵为真龙天子，自喻在此蜕骨龙眠，游目于天，采取三种方式抵达仙境，其一从东方在月镜照映下，渡过彩虹桥，踏着紫云步行进入；其二是从北方穿过苍翠的山林沟壑，登着紫色的云梯而至；其三是从南方攀爬通天的藤萝到达。1860年，香雾窟遭英法联军焚毁。

栖月崖在玉华岫西侧，沿着蜿蜒曲折的山路即可达到，山坡清旷平整，院落坐北朝南，依坡而建，点缀闲馆数楹，由栖月崖、倚吟室、得趣书屋、乐此山川佳等建筑组成。栖月崖景名取自北魏地理学家郦道元《水经注》“岭纡曦轩，峰驻月驾”之句。乾隆御制栖月崖诗文“嫦娥馀结习，到此几栖迟”。他浪漫地戏称嫦娥有积久难除之习惯，眷恋此景，时常停留于此，迟迟不归。1860年被英法联军焚毁，民国时期曾作为周伯武私人别墅，并更

▲ 森玉笏原貌图

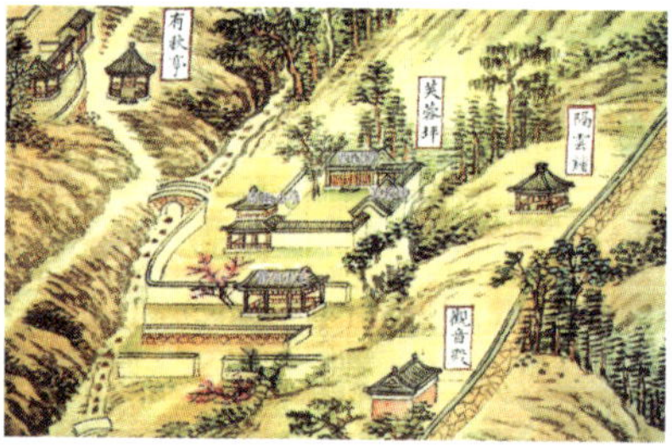

▲芙蓉坪原貌图

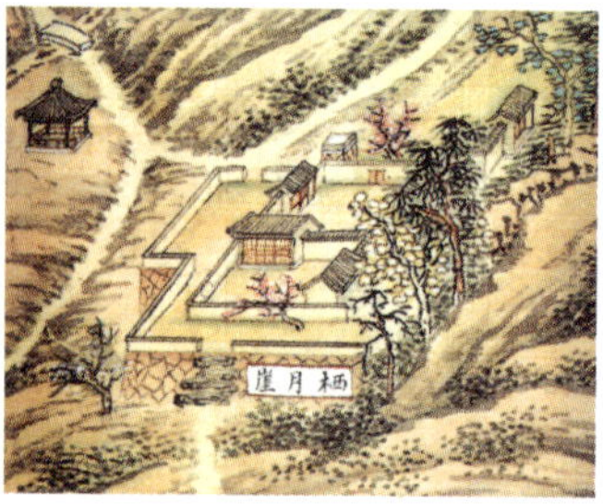

▲ 栖月崖原貌图

▲ 香雾窟原貌图

▲ 玉华岫原貌图

▲ 重翠崦原貌图

▲ 来青轩原貌图

▲ 洪光寺原貌图

▲ 隔云钟原貌图

▲ 玉乳泉原貌图

▲ 雨香馆原貌图

▲ 晞阳阿原貌图

名为栖月山庄。

重翠崦院落位于栖月崖向北稍偏西，深处房宇悠闲敞亮，山青树绿，烟云浮动、翠色重叠。重翠崦有配殿一座三间、方亭一座，院东侧有寿康泉及龙王庙。乾隆皇帝以“岚青树碧，烟浮翠重”命名此处。1860 年被英法联军焚毁，民国时期应乐峰建私人别墅。

玉华岫，原名为玉华寺，建于明代，其规模略小一些，其海拔高度比来青轩低些。乾隆十年（1745 年），开辟寺南侧建玉华岫，在此俯瞰群岫，霞光升起、云雾回环，若拱揖、若拥抱。山门南三间歇山式殿宇题名玉华岫，东三间殿宇题名“皋涂精舍”，西翼有“溢芳轩”“邀月榭”和“绮望亭”等建筑。

岩壁竹丛有明代“万古长春”石刻，侧壁间有洞穴，穴中有泉水，终年不溢不竭，水质极佳，独特的温湿度，在冬季盛开桂花，枝繁叶茂，为寺中奇观。1860 年被英法联军焚毁。民国时期萧振瀛在此处建立私人别墅，称为玉华山庄。

乾隆非常喜欢玉华岫，于乾隆十二年（1747 年）命副都御史李世倬绘“乐林泉”山水图画于此，且分别于乾隆十二年、三十二年、三十四年在此图上题诗。

森玉笏位于香山南部，此处山势横峰侧岭，不以险峻陡峭为奇特。尤其在积雪的映照下，山的骨气显露无遗，称之为群玉峰应并不过分。高大石壁上刻乾隆皇帝御题“森玉笏”三个大字，“山伯朝天阙，圭璋列几多”。大有玉笏朝天之势，蔚为雄壮。

景区由超然堂、旷览台、碧峰馆和套方攒尖顶胜亭组成。1860 年被英法联军焚毁，民国时期冯庸建为私人别墅。

隔云钟在芙蓉坪北侧山梁，四方小亭。穿越时空，遐想 270 年前，静夜未阑，晓星欲上，香山云霞掩映，霜籁流动，隔着云雾聆听近处的卧佛寺、法海寺、弘教寺，远处的华岩寺、慈恩寺，最远的大钟寺等处的古刹钟声，忽断忽续，如应如答如合如奏，真是一种神妙，人世间的所有烦恼和忧愁都随钟声远去。此景也于 1860 年被焚毁。

敕几清暇

乾隆在静宜园理政区避喧听政、治国理政，内剿灭王伦、苏四十三、田五三小丑无数，外平定伊犁、二回部、金川、缅甸、台湾、安南，及底定廓尔喀，运筹帷幄，调兵遣将，决战千里，完成了清帝国的统一大业。

天下以孝为先的帝王，率先垂范，在乾隆二十六年（1761 年）和三十六年（1771 年）为生母崇庆皇太后举办万寿庆典，赐三班九老宴游香山。三班九老，即 70 岁以上的亲王及在任文职九人，70 岁以上的在朝武职九人、70 岁以上已休致士九人。

乾隆在静宜园皇家寺庙里参禅悟道，拈香礼佛，会晤六世班禅，共商国是，捍卫西藏主权，确保领土完整。在静宜园二十八

▲ 清贾全画二十七老、沈初书诗卷（局部一）

▲ 清贾全画二十七老、沈初书诗卷（局部二）

景中，乐观林泉之美，或吟诗作赋，或挥毫落纸，或赏画阅书，或瑟弄琴调，或煮水品茗，无比惬意，无比畅快，无比自在。还效仿圣祖康熙执政不超过60载，在香山写下禅让诏书，传位嘉庆，颐享天年，退居故宫乾隆花园，还时常思念香山静宜园。

两度罹难

1860年春，英、法组成联军，十月，兵临北京城下。根据俄国外交官和间谍伊格纳提耶夫提供的情报："清朝守军集中在东城，北城是最薄弱的地方，应先攻取，并听说中国清朝皇帝正在西北郊的圆明园。"于是，英法联军绕抄安定门、德胜门，进犯圆明园，并将圆明园洗劫一空，为了销赃灭迹，掩盖罪行，英国全权大臣额尔金在英国首相帕麦斯顿的支持下，烧毁了圆明园。

十月十八日和十九日，这伙强盗抢劫了万寿山、玉泉山和香山等多处园林，并像烧毁圆明园一样将其付之一炬。香山静宜园内文物、珍宝被掠夺一空，园内建筑几乎全被焚毁，残砖断木，遍地瓦砾，二十八景所剩无几，仅存残破的见心斋正凝堂和位于山腰隐于林中未被侵略军发现的梯云山馆。这场大火终结了这积聚百年才形成的盛世繁华，《翁文恭日记》中记载，那时"京城西北，黑烟弥天意日不绝"。

四十年后（1900年），香山静宜园又一次遭到八国联军洗劫，

▲ 清末民初静宜园东宫门

▲ 清末民初静宜园听雪轩

▲ 清末民初玉乳泉

▲ 清末民初香山寺、无量殿、来青轩等处

▲ 清末民初栖月崖

▲ 清末民初璎珞岩

惨象与之前如出一辙。清末的香山静宜园已是遍山瓦砾，破败不堪。辛亥革命后，一些达官贵人、军阀富户开始在园内大修别墅，静宜园已成过往云烟。

联军洗劫之后，清政府曾派人前往被焚毁的西郊别苑查看现场，这些皇家行宫，不仅被西洋人掠夺了大量财物，一些土匪和普通民众也浑水摸鱼。官家立刻贴出告示，限时交出劫获的散碎银子，违令者重处。我们无法得知，这些顺手牵羊的小贼是否归还了大清的官家财物，唯一笃定的是，被烧毁的恢宏建筑再也无法挽回了。

经历沧海桑田和山河巨变，无论是秦皇汉武的离宫别园，还是唐宋文人的别业庭院，绝大多数都化为尘土。香山静宜园也随着清王朝的衰亡，被自称“文明”的侵略者野蛮焚毁，消失在历史的长河中，不见雕栏玉砌，不见琼楼玉宇，不见往昔辉煌，但遗址犹存，遗迹仍在。这座皇家御园是“活”的文化遗产，是国家文脉的结晶，是城市文明的象征，是时代文化的体现。我辈不仅要铭记那份耻辱，更要奋发图强，实现中华民族的伟大复兴。

十年树木，百年树人。近代首善，大爱无疆。香山慈幼，蒙以养正，家校社会，三位一体。勤谦俭恕，仁义公平，博学贤达，传道授业，桃李满天下。为了新中国，迁至阜成路，饮水当思源，酬报新社会。

第四章　春晖慈爱树英才

▲ 听雪轩（喀喇沁福晋避暑别墅）

在中国，内忧外患的半殖民地半封建社会涌现出无数仁人志士，寻求救国振兴之路。他们或官居其位，鞠躬尽瘁；或悬壶济世，救死扶伤；或著书立说，阐扬正道；或教书育人，润泽八方。他们最终的共识就是启迪近代国人的心智，积极投身慈善教育事业，为中华民族的振兴播下一粒粒种子。

1911 年辛亥革命迫使清帝逊位，但香山静宜园一直由前清皇室管理使用。1912 年，贡王福晋善坤（清宗室肃亲王之女）率领马相伯（又名马良）、英敛之等人游香山，发现“静宜园兵焚之后，宫殿无存、垣墙颓坏，古树被盗者十之七八，胜地名园日就荒废”，便商量怎样保护这里的古迹，他们觉得西山附近的人很穷又没机会受教育，于是决定创设女子学校及女学工厂，由皇亲善坤向皇室请以该园地基，后经隆裕皇太后（慈禧太后的侄女）谕允，由马良承担起创办静宜女校的各种事宜。

1913 年，学校成立，校址设在静宜园军机处，即勤政殿北侧院落，见心斋、韵琴斋（善坤的避暑处）、梯云山馆、昭庙等多处房屋也得到了维修。

香山慈幼院的建设，起因于 1917 年 9 月顺直省区（包括直隶、京兆两省区，即现在的河北、北京地区）的水灾。《香山慈幼院院史》记载："水灾造成一百零三县，一万九千零四十五村，六百三十五万一千三百四十四人无家可归，成灾的田亩有二十五万四千八百八十九顷一百六十五亩四分三厘。"如此浩劫在 1917 年 10 月 3 日出版的《大公报》上被称为是"五十年来所未有"。面对水灾，大总统冯国璋于 1917 年 9 月 29 日颁发了特派熊希龄督办京畿一带水灾河工善后事宜的命令，并拨款三十万赶办急赈，10 月 4 日，熊希龄在北京任职。

《熊希龄传》记载："他经过周密筹划与部署，设立了因利局三百零九处、义当二十九处、老弱留养所一百八十一处、粥厂五百九十三处、种子借贷所四十九处，使赈灾工作见到实效，同时修建了北京到通州、北京到西山、通州到门头沟的三条道路，以此救济大批灾民。"此间，他"见到灾民乏食，有的甚至将儿女遗弃路上或标卖，还有些父母带着儿女投河自尽"，于心不忍，便与同仁商量，"在北京设立慈幼局，收养灾民的儿女，聘请英敛之（天主教徒）任慈幼局局长，由京畿水灾赈济联合会在存款项下拨发慈幼局开办费及经常费用"。

11月20日慈幼局设立，地址在西安门内府右街培根女学校旧址。为便于管理，慈幼局又将男女儿童分开，西安门内府右街培根女学校旧址专收女孩，北京二龙坑郑王府花园专收男孩。据《熊希龄传》记载：“两所慈幼局设立后，灾童源源不断，很快就收养了一千余人。”此后，根据灾情，慈幼局采取“将男女婴孩分别招领遣送”的做法减轻压力，尽管如此，到1918年4月水灾平息为止，城内救济联合会设立的男女慈幼局还有200多个灾童无人认领，看到这种情况，熊希龄又同水灾救济处坐办陈汉第、罗振方商量，拟设立一个永久性的大规模慈幼院收养这些儿童。但是城内没有大的地方建院，经商讨他们认为香山静宜园旧址既僻静又有建房的地方，还有他就任热河都统时拨款维修的大量破旧房屋和静宜女子学校，以及以工代赈拨款6万银元修通的由万寿山经香山、八大处至阜成门的公路，环境条件、房屋使用、道路交通各方面条件相对适宜。于是由熊希龄出面请就任民国大总统的徐世昌与前清皇室交涉，“拟择京西香山静宜园建设男女慈幼院两所，以资移养慈幼局无法遣散之儿童”。这一请求很快得到应允，据《熊希龄与慈善教育事业》记载：“紧接着熊希龄就请技师设计图纸，计划建设男女两校。起初两校的房图是请民间的工程师何生荣绘制的。但熊希龄嫌其估价太高，旋又请农商部的工程师马荣重新审度，稍有减省。于是设立工程处，委托马荣为工程处监督，招人招标承包。中标者为桐发公。”

1919年2月17日，两校的建筑正式动工。然在建筑的过程中，承包者桐发公偷工减料，被熊希龄查出，罚款之后，乃改招德国罗克格（Curt Rothkegel）公司承办，库尔特·罗克格于20世纪初来华，先后在厦门和青岛开设建筑师事务所，代表作为1910年在青岛建的江苏路基督教堂。事务所后来迁到北京霞公府开业，华名“营造式画司罗克格”。1913年前后事务所改组，称罗克格公司或罗克格洋行。在北京、天津、沈阳等地从事建筑设计活动，民国初年的正阳门改造就是由北洋政府内务总长兼京师市政督办朱启钤先生主持并聘请罗克格负责设计施工的，1929年罗克格归国，中途易人，致使工程进展延缓，是年12月30日，经历了近十个月的时间，男女两校的工程方次第告竣，并被命名为香山慈幼院。

静宜园内慈幼院与静宜女子学校并存，所以管理上不能一人说了算，经过商谈决定设立两个董事会。一是1918年10月成立的“静宜园董事会”，二是1920年2月在北京西顺城街尚志学校成立的“慈幼院董事会”。社会上知名度很高的赵尔巽原本是“静宜园董事会”会长，香山慈幼院建成后又被推举为“慈幼院董事会”会长，这样两会会长均由一人兼任，管理十分顺畅。但两会的职责各有不同，“静宜园董事会”专管园内租地和一切自治事宜，所得租息作为静宜女子学校的经费，并用于修治马路，培养树木和设立园警。贡桑诺尔布、熊希龄为副会长，陈汉第、马良、英华、英秀、张毓书、濮彦珪为常务董事。“慈幼院董事会”主要负责慈幼院的财政、教育、监督、审计事宜，职权分为七项：审议本院章则及一切规则；经理本院财产及收付本院经费；保管基金及募集经费；议决本院预决算；议决本院进行及扩充事项；检查本院簿记；筹划本院生徒将来之生计。刘若曾、陈汉第为副会长，熊希龄为院长、施今墨为副院长。

慈幼局于1920年4月21日迁往香山慈幼院，10月3日，香山慈幼院在镇芳楼北大礼堂举行开院式。那天阳光明媚，秋高气爽，遍山的红叶映着苍松翠柏，院内外车水马龙，人潮络绎不绝。其中，参加开学典礼的师生有六七百人，来宾有社会名流和政要二三百人。与会者先是参观各建筑设备，接着参加典礼，典礼于当日下午三时召开，赵尔巽致训词，熊希龄介绍报告办院经过。荷兰公使在典礼上发表演说，称赞慈幼院“设备之善、院址之佳，实普及教育之生举”。

慈幼院的首批教师来源于北京、天津等地的师范学院学生及归国留学生。到1927年时，学校共有教职员人数207人，其中：欧美、日本大学或专门毕业者占6%；本国大学或专门毕业者占26%；中等学校毕业者占45%。慈幼院生源均为受灾和孤贫儿童，起初只有水灾时留下的200余人，后来又招收北京城内外孤贫儿童500人。再后来，由于办学成效深得公众喜爱，慈幼院逐渐扩大生源，并分为正生与附生两类。正生是学校的学生主体，他们的教育、保育、健康以及将来的出路，都由院方负全部责任。附生是自费到慈幼院来上学的学生，与正生一样地生活、受教育，只是慈幼院对附生不负全部责任。

教育思想

香山慈幼院自 1920 年 10 月 3 日正式成立，经教育局暨北京市教育局准予立案。

香山慈幼院以救济孤贫儿童，施以发达身心之完善教养，以植立德智体群四育之基础，而能独立生计，适应社会需要，以养成健全爱国之国民为宗旨。实际上，慈幼院的宗旨不仅专为救济孤儿，对于穷苦儿童和受灾难的儿童，也统统给予救济，而且不仅仅救济其生活，还施以教育。

“勤、谦、俭、恕、仁、义、公、平”八字是慈幼院的校训，也是学生日常行为准则。对遵守校训、各方面表现突出的学生，慈幼院会给予奖励；对旧习甚深、屡犯不改的也会给予相应的惩罚。慈幼院对不同年龄的学生会采取不同的教育理念。针对学龄儿童，施以“蒙以养正”的教育，“蒙以养正”出自《易经》，意思是说从童蒙时代开始就施之以正确的教育。而熊希龄题写的“生生如己所生，幼幼及人之幼”的对联，则可以看出慈幼院“仁义公平”的教育理念。在课程方面，除学习国语、算数、英语、图画、音乐、历史、地理、训话、体操外，还学习理科、农业、手工、工业等课程。

针对小学生，香山慈幼院院歌这样写道：“好好读书，好好劳动，好好图自立。大哉本院，香山之下，规模真无比！重职业，自食其力，进取莫荒嬉。好兄弟，好姊妹，少年须爱惜！”体现出期盼孩子们好好学习、热爱劳动、自食其力的教育理念。

针对幼稚师范，熊希龄力主“兴学之本，先重师范”。熊希龄说：“此校教育不仿美国，不法日本，专自成立一种试验教法，根据生活即教育之原则，合教学做三项为一，以适合我国国情及时代之需要。”幼稚师范校歌这样写道：“生活兮教育，生活兮教育，我们生命唯一之伴侣。为汝勤力，不分旦夕，为汝驰驱，不顾险夷。人生意义在利他，他利己亦利，生活兮教育。淳朴兮孩子，淳朴兮孩子，未来世界好坏之主体。浑然心地，不知害利，乐哉游戏，不计非是。社会价值在无我，无我以利人，先利小孩子。”体现出“勤谦俭恕”的教育思想。

在慈幼院设立植物园、动物园、花园等，是为启迪儿童认识自然；设立农田种植麦稻，是为培养学生农事观念；设立买卖街，陈列各种日用品标本，是为增加生活常识；设立小家庭、厨房，是为培养家庭观念；设立各种设施、球场，是为开阔视野；还有蒙养园设立的各教寺庙，也是为启发敬仰之心。此外，慈幼院还注重开展有组织有秩序的活动，如：每天早晨有“朝会”、开学时有“始业会”、学期结束有“终业会”、逢纪念日有“庆祝式”、逢校内有关者死亡有“吊唁式”、师生外出有“欢送式”、秋季请儿童家长或族亲等参加“恳亲会”，平时开展的“游艺会”“运动会”“辩论会”“演讲会”“远足旅行”等则为培养学生各方面的能力。

慈幼院的性质是学校兼家庭。旧社会里的学校一般只关注学制年限、教学的范围及学业程度，对其他一切问题则不负责。而慈幼院不仅负与其他学校同样的责任，还兼顾学生毕业后的出路与在校的衣食住行医等各方面。

西方人士把“慈幼院”三字译成 Children's Home（儿童们的家庭），这足以表现慈幼院的教育精神。1929 年，有一位戴应观先生衔国民政府教育部之命，到慈幼院进行调查。他有一段演说词：“贵校不是学校，不是家庭，也不是社会，简直是学校、家庭与社会三位一体的组织机关。”慈幼院对这种评价表示同意，熊希龄说：“因为兼了家庭的责任，那管理员必须有父母的心肠，又须有贤明、慈爱、富于经验的父母知识，才可以办得下去。”

1986 年出版的《文史资料选编》第 29 辑记载：慈幼院创办之初，纯属慈善机构。它对孤贫儿童予以相当的养育，并教以谋生的工艺，这与各教会团体的办法相同。创立一年以后，院方察觉儿童的资禀不齐，家族的遗传各异，遂有了设教施学之打算。

并根据个性的调查，智慧的测量，设蒙养、国民小学、高等小学、中等学校以至大学。职工有各项手工、机械作业。入院儿童在院学习积18年之久，足以供教育家进行次第施教。因此，慈幼院便由慈善性质的机关，演变成试验教育的学校。

施育方针

香山慈幼院开办之初的教育方针是："除了给予儿童适当的文化教育外，主要是让儿童学得一技之长，将来能自立于社会。"随着经验的积累，教育方针逐渐得到明确，在慈幼院创办六年后，确定了实施教育的最终方针。

注重农业。熊希龄认为中国自古以来以农立国，农无进步，则生产日衰，何以富强？慈幼院地处乡村，自应以农业教育为本位。一方面使儿童在幼稚时代养成农事观念与兴趣；一方面使慈幼院附近各村农民受到感化，以改良种植。慈幼院注重农业教育的措施是：设动物园、植物园；家畜饲育场及养蜂场、养蚕场、养鸡场；中等农科（即第四校学农班）；举办农事展览会；创办香山农工银行。

慈幼院有个关于农业的规划，即为解决农科毕业生或初中毕业生的生计问题，除把他们分送各农场外，慈幼院在边远省份，还有大量荒地可供种植屯垦之用。如江苏泰州的五千亩垦地；绥远包头的四万亩荒地；黑龙江嫩江的八万六千余亩荒地。以上各处垦地，可以作毕业生屯垦的场所，又可作为慈幼院基金的产业。慈幼院可以将农科试验有效的畜牧谷种，在各垦区推广。小学毕业的儿童，长到可以工作的年龄，都可以移往各垦区。慈幼院想把学生培养成善良的国民，唯恐他们将来分散到各处去，会受到社会不良习气的影响。

重视师范。早在清末百日维新期间，熊希龄就认为“朝廷变法，首在兴学；兴学之本，先重师范”。直到创办香山慈幼院时，熊希龄仍保持着这种“兴学之本，先重师范”的教育思想。香山慈幼院的第三校中学部，主要是办师范教育，慈幼院培养教师，并着重培养乡村教师。前后设立过平民幼稚科、中等幼稚科、初级女子科与幼稚师范学校。其中幼稚师范学校，在当时实属独树一帜。

教育管理

学生来源不一，对他们的管教是个很难办的问题，加上香山慈幼院的教育是学校、家庭、社会合为一体的，这种教育方式也存在很多问题。所以单凭慈幼院中的职业人员是不能解决所有问题的，必须要设立一个集合各大教育家来研究试验的评议会帮助解决一些儿童教育问题。慈幼院于 1920 年 11 月成立了评议会，聘请蒋梦麟、胡适、陶履恭、顾兆熊、沈兼士、严继约、黎锦熙、何育杰、俞同奎、张谨、顾兆麟、王道元、熊崇煦、李大钊、张伯苓等15人为评议员，1921年8月复聘美国人格林威为评议员，10月16日聘廖名缙任评议会主任、朱经农任副主任，共同参与儿童教育问题。同时，慈幼院还采取了以下措施：

学生自治管理。熊希龄认为，慈幼院的儿童，小学尚未毕业，谈自治是不容易的。但是他也认为，小孩子是最好动的、最好奇的，又是最负责任的。若是职教员们耐心地指导他们，实行自治也是可以办得到的。他见各国的小学校都有公民须知书，感到孩子们必须有点公民常识，才可算作国民。当初他在日本游历时，看到我国留学生每次开会，不是相骂，便是相打，飞墨盒、推桌子，秩序极不好，他看了很不以为然。孰料民国元年第一届国会开幕后，许多议员正是这些留日学生。他们做了议员，仍然是不守秩序。因此，熊希龄就在慈幼院提倡自治，以增加学生们的社会常识，使他们养成遵守秩序的习惯。慈幼院仿照上海职业学校的办法，设立了一个市议会，两校（男校女校）设事务所、警察所、初级审判所、邮局、电话局，又将各宿舍分为八村（男女两校各四村），各村有村长和事务所。议员、市长、村长、警察所长、审判长、检察长及市所属总务、文化、卫生、经济等科科长，都是议会选举的学生。

实施设计教育。熊希龄反对体罚，他说："我想，体罚的事总是最下乘。孩子们挨惯打的，脸皮也厚了，廉耻也忘了，此后便没有法子去重责。孩子们的天分优劣原不等，总是用善诱的法子好。”

慈幼院起初的教授方法是启发式。后来熊希龄观察到这种方法都是静的教育，缺少动手动脑的教育。慈幼院的孩子，受过许多困苦，大都知道只有求学、做工才能享受到幸福。可是孩子们有点偏重读书，做事不敏捷、不会想主意。所以他主张采用设计教育，凡事要学生自己计划。各村公园的花坛，要学生自己打样栽种；两校的道路，要他们自己去修去取名；图书馆的章程，要他们自己去拟；恳亲会、运动会，要他们自己去布置；新剧游艺，要他们自己去编演。先从近处切身的事做起，一一都要学生自己设计，教师从旁指导。

实行教育与劳动相结合。由于慈幼院是由社会支持建立的学校，学生过集体生活，一切费用由学校承担，为了避免学生养成坐享其成的恶习，慈幼院在全院推行“自食其力”的方针。从蒙养园的儿童起，就注重培养他们“自己的事情自己做”；小学以上的要参加建校劳动和各工场农场的劳动，参加劳动的学生可以挣到少量的香山农工银行发行的纸币，学生可以在学校的商店购置学习用具或生活用品，这种“记工授食”的办法，虽然在经济上微不足道，但从小培养了学生们的劳动习惯，增强了独立生活的智能，锻炼了健康的身体，培育了良好的道德。

入学规则

由于慈幼院收养男女孤贫儿童，其家庭多有特别情形。除大多数由南北各省水旱灾区选送外，凡属革命先烈之遗族、阵亡将士之子孙、清廉官吏之后人、家庭虐待之儿女以及旗籍凋零、边疆荒远、蒙藏文化未逮、朝鲜亡国无依，均悯其无力教养，特为援助救俾。在此期间，还涉及学生们的婚姻大事，规定："儿童知识技能，一天天增长，他们的婚姻自应取其同意，若是顽固或无知识的父母觊觎人家的财礼，糊涂地订婚，岂不是他们的终身恨事吗？故必须经院长裁可。"

严把入校关，对孤贫儿童欲进慈幼院须先在驻京董事会事务所报名，由董事会派人员到他家中调查，如果是实在孤贫的，方能注册，次第传到。传到后又须先入城内廊家胡同慈幼院附属收容儿童教养所，施以初步教育，等到齐了一班，再送香山慈幼院分别教授。

香山慈幼院创办时，原有前督办水灾河工处所拨捐款作为基金，嗣因学额巨增，设备日充，复历受时局影响，致将原有基金抵押殆尽，且向各银行善团借款达数十万元。据 1927 年统计，当年学生人数已达 1520 人，而慈幼院的办学经费则越来越紧迫。1928 年，香山慈幼院呈请国民政府补助，始得每月领款 1 万元。

▲ 香山慈幼院女校庭院雨亭

▲ 香山慈幼院女校客厅及办事室

旋经教育部派员来院视察，回京报告，香山慈幼院教育成绩优异，蒙行政院议决，准予俄庚款项下，每月拨助经费2万元，未奉实行。当政府补助费中辍之际，曾由世界红十字会中华总会接济，每月拨助5000元，共补助2.5万元（连同十字中学三年用费2万元，共计4.5万元），嗣由财政部月拨1万元，十字会补助费用遂即停止，而慈幼院一切设施亦减缩以资维持。

1922年香山慈幼院添设中学、职业各部，截至1933年7月，共计毕业男女生1389人，就事者占51%，升学者占29%，未详者占20%。就事者以服务于教育界者为最多数，农工各界次之，升学者以入高师者为最多数，专科初师者次之，此外幼稚师范科历届毕业生广布南北各省市，几乎无赋闲者。慈幼院毕业生考升国内公、私立各大学，由本院按年领贷款者，共83人，领奖学金者共9人。

1926年，学校改制，分为总院和五个校舍。总院、一校、二校、四校在香山，三校的男中学部在西郊青龙桥，后该校与四校于1932年迁入城内。《香山公园志》载："1932年10月12日，熊希龄传谕第三、第四校移往北平城内，与慈平工厂合并、幼稚师范设在北京市西四牌楼历代帝王庙（幼稚师范1930年10月成立于香山静宜园的见心斋，1931年7月移至西四帝王庙），五校在宣武门下斜街感化胡同和安定门千佛寺（设有慈型机器、慈华染织、慈平制革、慈恒印刷、慈诚织袜、慈云地毯等工厂）。"

师资雄厚

香山慈幼院董事会成员及老师们大都是民国期间博学贤达之士，或倾其学，或倾其财，或两者皆倾，用毕生来支持慈幼院的教育事业，蜡炬成灰，春晖慈爱地教育莘莘学子。正因为有优秀的师资，才能培育出优秀的人才。

熊希龄（1870—1937 年），中华民国国务总理兼财政总长，教育家、实业家。湖南省凤凰县人，1870 年出生于凤凰县一个官宦家庭，幼年入私塾，14 岁中秀才，人称湘西神童。20 岁中进士，授翰林院庶吉士。1897 年，湖南维新运动兴起，熊希龄协助湘抚陈宝箴推行新政，任湖南时务学堂总理，并延聘梁启超任中文总教习。他参与办理和兴办了湘省近代航运；创办了南学会和《湘报》；成立了“延年会”“妇女不缠足会”等维新社团，促使“讲堂工场林立”“各州府学校纷起”“民智骤开”湖南维新变法独步一时，为全国之先。

1898 年 9 月，慈禧太后发动北京政变，谭嗣同等参与变法的六君子被杀，他因赴京途中骤病，未能按时到京幸免于难，受到“革职永不叙用，交地方官严加管束”的惩处。此后，他蛰居衡阳、沅州等地闭门读书。1902 年，朱其懿调任常德知府，他一同前往，为其策划创办了西路师范学堂和常德中学。新任湖南巡抚赵尔巽，访知他办学成绩斐然，便上报朝廷，请撤了对他“严加管束”的处分。之后，他力助赵尔巽在湖南推行新政，实现其以教育救国的理想。1904 年熊希龄东渡日本，考察实业和工艺。回湘后，他捐出沅州住宅，设立务实学堂，培养实业人才。还创办了醴陵瓷业公司。1905 年由赵尔巽再度保奏，解除了对他“永不叙用”的枷锁，恢复原官。同年由湘抚端方奏保，以二等参赞身份随五大臣出洋考察。回国后，适赵尔巽改任川督，由署江苏巡抚陈启泰奏调，任江苏农工商局总办兼充苏属咨议局筹办处会办。旋被两江总督端方委为督署文案，兼宁属咨议局筹办处总办，又任南洋印刷官厂监督。其间还与人在民间筹办宝应长湖垦殖股份有限公司，并兼顾湖南醴陵瓷业公司，成绩广为时人称道。

辛亥革命后，熊希龄草拟的全国财政纲要，为孙中山、黄兴所称赞。以湖南共和协会正会长名义，率副会长张学济等 150 人致电袁世凯，要他不要为清室而战。袁世凯任临时大总统后，任命他为国务总理兼财政总长，负责组织内阁。他以“不问党不党，只问才不才”的原则组阁，其内阁有“第一流人才内阁”之称。他发布的《政府大政方针宣言》反映了新兴资产阶级上层希望健全法制，发展资本主义，建立一个独立富强的“真正共和国”的愿望，这与袁世凯企图实现封建专制独裁的意图大相径庭。袁世凯以大总统名义解散国民党和国会时，他均为副署，遭到了国人非议。1914 年 2 月，他因不满袁世凯的独裁统治，辞去财政总长和总理职。袁世凯死后，他返回北京，力陈恢复民国元年的《临时约法》，表明其坚持共和的立场。

1917 年 7 月，黎元洪继任大总统，任命熊希龄为政务评议会评议长。同年，直隶京畿一带 103 县遭受水灾，25 万多顷田土无收，有灾民 600 多万人。冯国璋任命他为京畿水灾河工善后事宜处督办，治理水灾河工。他以救灾赈饥为职志，浚河修堤，复平土地。1918 年，熊希龄在北京设立慈幼局，收养灾童 1000 余名，后设香山慈幼院，任院长一职，收养无家可归的孤儿。从 1917 年到 1934 年，熊希龄历任顺直水利委员会会长、天津红十字会名誉会董、中华慈善团体全国联合会临时主任、中华教育改进社社长、日本筹赈会会长、湘灾筹赈会名誉会长、永定河督办、陕甘赈灾委员、北平红十字会会长。

熊希龄深受儒家思想影响，仁爱根植于心，修齐治平践行于身。其爱国思想，从忠君报国，到拥戴共和，虽然有“民为重，社稷次之，君为轻”的观念，但看到封建社会的腐朽没落，认识到民国政府根本不能救民于水火，亦不能挽民族于危难。他逐渐接受新思想、新文化，对腐败的政治和黑暗的官场深恶痛绝，把兴国强邦的希望寄托在年轻人的教育和培养上，致力于慈善教育事业，以院为家，以国为家，培养滋育爱国主义的精神家园。

1932 年淞沪战起，日军大举进犯上海，他发布《香山慈幼

▲ 熊希龄所住双清别墅

▲ 熊希龄与香山慈幼院学生合影

院院长通告》：“余虽六十老翁，此心不甘亡虏，一息苟存，誓当奋斗。”随即组织慈幼院师生200余人为义勇军，开赴抗日前线。1937年12月25日，熊希龄突发脑溢血，医治无效而逝世，先葬于香港，后于1992年迁葬于北京香山。

朱其慧（1876—1931年），字淑雅，江苏宝山人，朱明皇室后裔，以熊希龄夫人身份为世人所知。与同父异母的兄长朱其懿感情甚好。朱其懿于清末历任湖南沅洲知府、凤凰厅同知，朱其慧亦随宦在湘。时值熊希龄被交地方严加管束，又遭发妻廖氏染病身亡，欲以续弦。朱其懿见熊才识不凡，深加器重，常有往来，曾题上联“种花数盆，探春秋消息”，熊希龄随应“蓄一池水，测天地盈虚”，朱氏兄妹拍案叫绝，遂获朱其慧芳心。

朱其慧归熊氏之后，持家勤业。因抵制袁世凯复辟，严拒袁世凯任命的“宫中女官长”，协助熊创办香山慈幼院、中华教育改进社，并独立创办妇女红十字会、女子贫民工厂、婴幼教保院，对社会教育及慈善事业极为热心。1923年与陶行知共同发起平民教育运动，并亲往南京各处演讲，成立武汉平民教育促进会，旋即成立中华平民教育促进会总会于北京，被推为董事长，成为“平民教育之母”，为推行平民教育呕心沥血。朱其慧还创办皮鞋工厂，以公债为生意，获利颇丰，并将经营所得移作社会做慈善事业。

1919年，山东、直隶、山西、河南、陕西五省又发生旱灾。

妇女红十字会与北五省灾区协济会共收男女儿童三百余名。1920年赈务事竣，有一百多名儿童被各自的父母领回，剩下二百多名孩子。朱其慧商得熊希龄同意，将这二百名多儿童送入香山慈幼院。两人在静宜园内办妇女红十字会香山医院，为孩子们治病。在旧军阀混战之际，常组织慈幼院学生们，救护伤兵和难民。不任慈幼院任何实职，却积极参与慈幼院的各项工作。她逝世后，熊希龄挽联称："以同德同心同情同志誓同患难，生死相期，三十六年如一日，谁知垂老分飞，事业未终难瞑目；舍爱儿爱女爱婿爱孙及爱屋乌，教养诸孤，千百余人将何依，那堪环境变异，触观无物不伤心。"

毛彦文（1898—1999年），小名月仙，英文名海伦。浙江省江山市须江镇沙埂人。中国第一个留学女博士，民国奇女子。7岁入家塾启蒙。1913年，被保送入杭州女子师范。1917年，入浙江吴兴湖郡女校，四年后毕业，以浙江省第一名考入北京女子高等师范学校英文系，参加了五四新文化运动。1922年，被推选为女权运动同盟会浙江支会临时主席。同年，转学至南京金陵女子大学。1930年，赴美国密歇根大学攻读教育行政与社会学，两年后获教育学硕士学位。回国后，任国立暨南大学、复旦大学教育系教授。1935年，与熊希龄结婚，时年熊希龄花甲有六，毛彦文三十有七，白发红颜，一时传为佳话。熊希龄为毛彦文作一支定曲："世事嗟回首，觉年年，饱经忧患，病容消瘦。我欲寻求新生命，惟有精神奋斗。渐运转，春回枯柳。楼外江山如此好，有神针细把鸳鸯绣。黄歇浦，共携手。求凰乐谱新声奏，敢夸去，老莱北郭，隐耕箕帚。教育生涯同偕老，幼吾即人之幼。更不止，家庭浓厚。五百婴儿勤护念，众摇篮在需慈母。天作合，得佳偶。”结婚当天，上海名流，济济一堂，北京报界的集体贺联曰：“以近古稀之龄，奏凤求凰之曲，九九丹成，恰好三三行满。登朱庭琪之庭，观毛彦文之彦，双双如愿，谁云六六无能。”婚后，毛彦文辞去大学教职，一心协助熊希龄开展慈善事业，后继熊出任北京香山慈幼院院长。1939 年，当选浙江省参议会参议员。1947 年，当选北平市参议员，同年 11 月，当选国大代表。1949 年 4 月赴台湾，1950 年 4 月赴美，先任旧金山《少年中国报》编辑，后任华盛顿大学研究员。1962 年，回台湾定居，并执教于实践家政专科学校。1966 年退休，定居于台北内湖。1999 年 11 月 10 日，逝于台北，享年 101 岁。

赵尔巽（1844—1927 年），清末汉军正蓝旗人，字公镶，号次珊，又名次山，历任安徽、陕西按察使，甘肃、新疆、山西布政使，护理山西巡抚。光绪二十九年（1903 年）升湖南巡抚，次年署户部尚书，后历任盛京将军、湖广总督、四川总督。宣统三年改任东三省总督。武昌起义后在奉天成立保安会，阻止革命。民国成立后，任奉天都督，旋辞职。1914 年任清史馆总裁，主编《清史稿》。1927 年，《清史稿》完稿，全书五百二十九卷，为

▲ 昭庙内的红十字医院

▲ 多云亭（建于 1935 年）

▲ 来青轩旅馆

研究清史提供了权威史料。袁世凯称帝时，被尊为“嵩山四友”之一。1925年段祺瑞执政期间，任善后会议议长、临时参议院议长。曾于1918年，任静宜园董事会会长。1920年任慈幼院董事会会长。

施今墨（1881—1969年），原名施毓黔，字奖生，祖籍浙江萧山人。中国近代中医临床大家、教育家，北京四大名医之一，治愈许多疑难重症，创制了很多新成药，献出700个验方。就读于山西法政学堂和京师法政学堂。1906年，加入中国同盟会，参加辛亥革命，后因看不惯封建官僚作风，又对革命失望，弃政从医。1931年任华北国医学院院长。1932年，中央国医馆成立，任副馆长。1941年任上海复兴中医专科学校董事长。1950年任北京中医学会顾问。1954年任北京医院中医专家顾问。1969年，病危期间口述中医工作建议，呈送毛泽东和周恩来。曾于1917年任北京香山慈幼院副院长。

陈汉第（1874—1949年），字仲恕，号伏庐，浙江杭州人，书香门第。曾留学日本，辛亥革命后历任国务院秘书长、参政院参政、清史馆编纂、故宫博物院委员等职。陈汉第专长政治法律，著有《政治学》《政治通论》，爱好诗词书画，擅写花卉竹石，笔墨严谨，法度有致，且收藏颇丰，后都捐给故宫博物院。其子陈植，为中国著名建筑大师。陈汉第曾任静宜园董事会常务董事，香山慈幼院董事会副会长。

罗振方（1874—1932年），字通甫，号节庵，浙江省绍兴府上虞县人，曾任直隶州知州、奉天候补知县。1912年，历任奉天省盐务司总务科科长、北京政府财政部佥事。翌年5月，任直隶省热河国税筹备处分处长。同年9月，任农林部次长，一度代理农林总长。11月，任东三省盐运使。1915年3月，任北京盐务署督办。1917年，任直隶、京畿水灾河工督办坐办。1922年2月，因病辞去副院长职务。病愈后，在山海关附近创办柳江煤矿，任总经理。曾于1920年10月任慈幼院副院长。

周作民（1884—1955年），江苏淮安人，原名维新，银行家。曾经师从罗振玉，留学日本，辛亥革命后，任南京临时政府财政部库藏司科长。1912年，随临时政府北迁，在财政部继续供职。1913年，任库藏司司长。1915年，离开财政部，任交通银行总行稽核科科长，后又兼任国库课主任。1917年5月，创办金城银行，任总经理，北洋政府倒台后，先后担任国民党政府财政委员会委员、行政院驻平政务整理委员会委员、冀察政务委员会委员、香山慈幼院董事会董事长等职。1951年，任公私合营的“北五行”董事长，1952年，任统一的公私合营银行联合董事会副董事长。酷爱收藏，后将1407件文物、374种图书共计5300册捐给故宫博物院。曾任香山慈幼院董事会董事长，并在香山静宜园芙蓉馆建造别墅。

查良钊（1897—1982年），字勉仲，祖籍浙江海宁袁花，生于天津，与金庸（查良镛）为同族兄弟。1918 年，赴美留学于芝加哥大学教育学院和哥伦比亚大学师范学院研究部。1921 年，“华盛顿会议”召开时，联合留美同学，发起组织中国学生华盛顿会议后援会，被推为执行干事长。1922 年回国，历任北京师范大学教授兼教务长、河南大学校长、河南省教育厅长。1930 年，陕西大旱，随朱庆澜从事赈济，任华北慈善联合会总干事，深入灾区访问，发起“三元钱救一命”运动，向各地募款救灾，并联合华洋义赈会修建泾渭渠。后代理陕西省教育厅长，赴灾区工作时遭土匪绑架，被囚 81 天后脱险。1931 年，长江大水灾，任长江水灾赈济委员会常委兼灾区工作组总干事。1934 年，任北平艺文中学校长。1937 年，抗战爆发，以教育部参事、赈务委员会专员身份，办理北方战区青年学生救济事宜。1938 年，在西安收容战区中学生 1700 余人，亲自率领由凤翔步行至天水，创办国立第五中学，后任西南联合大学教授兼训导长。抗战胜利后，任昆明师范学院院长。1950 年，应邀任德里大学中央教育研究院客座教授。1954 年，任台湾大学教授兼训导长，以及侨生辅导委员会主任，并担任“考试院”考试委员。1982 年，病逝于台北。曾担任香山慈幼院副院长。

胡适（1891—1962 年），字适之，安徽绩溪人。思想家、文学家，哲学家，倡导白话文，领导新文化运动。1910 年，留学美国，入康奈尔大学，后转入哥伦比亚大学，与蒋梦麟一样，师从哲学家约翰·杜威，深受其实验主义哲学的影响。1917年初在《新青年》上发表了《文学改良刍议》。1917年，获哲学博士学位，同年回国任北京大学教授。1923年，与徐志摩等组织新月社。1924年，与陈西滢、王世杰等创办《现代评论》周刊。1932年，与蒋廷、丁文江创办《独立评论》。1938年，任国民政府驻美国大使。1946年，任北京大学校长。1962年，在台北病逝。曾于1920年任香山慈幼院评议会评议员。

蒋梦麟（1886—1964年），字兆贤，浙江余姚人，国民政府第一任教育部长，北京大学历史上任职时间最长的校长。早年入绍兴中西学堂，蔡元培正好是“监督”，相当于校长。留美加州大学伯克利分校，攻读哲学及教育，后获哥伦比亚大学博士学位，回国担任《教育杂志》编辑和《新教育》主编，受蔡元培委托，曾三次担任北京大学代理校长，后任中华民国第一任教育部长，1930年，正式出任北大校长。1945年，辞去北大校长，并退出西南联大。1964年，病逝台湾。曾于1920年任香山慈幼院评议会评议员。

陶孟和（1887—1960年），又名陶履恭，祖籍浙江绍兴，我国早期的社会学家，中国科学院图书馆创始人。幼年私塾受教，1906年毕业于南开学校第一届师范班，公费赴日本东京高等师范学校学习。1906年至1910年在校学习历史和地理，编译《中外地理大全》。1910年赴英国伦敦大学经济政治学院学习社会学和经济学。1913 年，获经济学博士学位，归国后任北京高等师范学校教授。1914 年至 1927 年任北京文学院院长、教务长等职。1934 年，任中央研究院社会科学研究所所长。1935 年，任中央研究院评议会的评议员。1948 年，当选为中央研究院院士。新中国成立后被中央人民政府任命为中国科学院副院长，1951 年，任中国科学院图书馆馆长。曾于 1920 年任香山慈幼院评议会评议员。

顾兆熊（1888—1972 年），字孟余，河北人。留学德国柏林大学研究经济学，回国后任北京大学教授、教务长，为北大著名教授。1925 年，因李大钊之推荐，任广州国民政府中山大学校长，1926 年当选国民党中央执行委员。北京“三·一八”惨案后，继毛泽东之后，被推举为中央宣传部长。1927 年，任武汉国民政府委员兼教育部部长，宁汉分裂后辞职出国。1929 年，因党潮关系，停止党籍 3 年。1919 年 5 月 4 日参加天安门集会游行，曾于 5 月 9 日在晨报上发表《一九一九年五月四日北京学生之示威运动与国民之精神的潮流》评论，对五四运动做出了更准确、更鲜明的定位。1949 年，定居香港，创办《火道》杂志。1969 年，返台湾定居。曾于 1920 年担任香山慈幼院评议会评议员。

沈兼士（1887—1947 年），名坚士，浙江吴兴人，沈尹默之弟，曾与兄沈士远、沈尹默同在北大任教，有“北大三沈”之称，中国新诗倡导者，中国语言文学家、文献档案学家和教育家。先后任教北京大学、辅仁大学、清华大学及厦门大学等多所高校。曾于1920年担任香山慈幼院评议会评议员。

黎锦熙（1890—1978年），字劭西，号鹏庵，湖南湘潭人。著名语言文字学家、词典编纂家、文字改革家、教育家，有“语言大师”之称。出生于湘潭县晓霞乡石潭坝书香之家，“黎氏八骏”的长兄。1905年，院试入学为秀才。1906年，入湖南省立一中。1907年，入北京铁路学校专修科。1908年，入湖南优级师范史地部，1911年毕业。

1914年，在湖南省第一师范学校任教，担任历史教员，教只比他小三岁的学生毛泽东，两人名为师生，实为挚友，时常在一起讨论时政，研究学问。1915年，黎锦熙去北京教育部工作，1917年8月23日毛泽东给十分敬佩的老师，远在北京的黎锦熙写了封长信，陈述心中所见，向老师请教。黎锦熙读完信后，在日记中极为感慨地写道：“下午，得润之书。大有见地，非庸碌者。不愧为是大器量之人。”毛泽东1918年为筹备赴法勤工俭学来到北京，在北大图书馆当助理员。已任北京师范大学教授的黎锦熙，得知毛泽东工资微薄、生活清苦，经常邀请毛泽东来家吃饭打打牙祭，茶余饭后，两人经常评论时政，探讨学问和救国救民的真理。

1918年，黎锦熙任国语统一筹备会会员。1924年，兼任上海中华书局编辑所临时所长。1928 年，任北大师院院长。1930 年至 1935 年，与同人商订公布改“注音字母”为“注音符号”。1937 年至 1939 年，相继任西安临时大学、陕南西北联合大学、兰州西北师院国文系教授、系主任。1944 年至 1945 年与许德珩等倡导成立九三学社，兼任中国大辞典编纂处总主任，后任西北师院院长。1946 年至 1948 年，先后任北京师大与湖南大学国文系主任、文学院院长。当选为联合国教育科学文化组织第一任中国委员。新中国成立后任中国文字改革协会副主席兼方案研究委员会副主任、汉字整理委员会主任。1950 年，任中国人民大学教授。1955 年，当选为中国科学院哲学社会科学部委员，任辞典计划委员会委员。1978 年 3 月 27 日在北京病逝。曾于 1920 年任香山慈幼院评议会评议员。

何育杰（1882—1939 年），字吟苜，浙江宁波人。我国早期物理学家、教育家。主编物理学教科书，讲授量子论，是我国近代物理学的拓荒者。1898 年，入宁波中西储才学堂念书。1901 年，被推荐入京师大学堂。1902 年，入京师大学堂师范馆格致科学习。1904 年初到 1907 年秋，留学英国先入维多利亚大学学习语言一年，后转入曼彻斯特大学攻读物理学。1909 年，回国任京师大学堂格致科教习。1912 年到 1916 年，任北京大学理科物理学教授。1917 年到 1920 年，任北京大学物理系主任。1920 年到 1927 年，初任北京大学物理系教授，后因体弱多病辞职归里。1927年到1931年，任东北大学理工学院物理系主任，后又因病辞职。1932年，被选为中国物理学会物理学名词审查委员会委员。1937年，任国民政府交通部参事。1939年1月19日在重庆逝世。鉴于他在开创中国物理学、培养人才方面的功绩，1940年，中国科学社特设“何育杰物理学纪念奖金”，这是中国为物理学设立的第一个奖金。曾于1920年任香山慈幼院评议会评议员。

俞同奎（1876—1962年），字星枢，浙江德清人。化学教育家，中国化学教育的开拓者。少年时考入美国教会办的英华学校，打下良好的英语基础。1902年考入京师大学堂师范馆。1904年至1910年，在英国利物浦大学化学系学习，获硕士学位。1910年至1912年，任京师大学堂理科教授。1912年至1920年，任北京大学教授、化学系主任、教务长。1920年至1937年，任北京工业专门学校（现北京工业大学）校长，兼北京大学教授。1937年至1938年，任南京国民政府教育部大学生就业委员会主任。1938年至1945年，任液体燃料管理委员会昆明办事处主任。1947年至1956年，任北京文物管理委员会秘书。1956年至1958年，任文化部古代建筑修整所所长。曾于1920年任香山慈幼院评议会评议员。

李大钊（1889—1927年），字守常，直隶乐亭人，“铁肩担道义，妙手著文章”的李大钊是中国共产主义运动的先驱，最早的马克思主义者，中国共产党早期领导人之一。1913 年，毕业于天津法政专门学校，同年去日本早稻田大学读书。1916 年回国，历任北京《晨钟》报总编辑、北京大学经济学教授兼图书馆主任和《新青年》杂志编辑。

俄国十月革命后，最早接受和传播马克思列宁主义。1920 年，在北京发起组织马克思学说研究会和共产主义小组。中国共产党成立后负责北方区党的工作，并任中国劳动组合书记部北方区分部主任。李大钊是中共第二届中央候补委员，第三、四届中央委员，1924 年参加国民党第一次全国代表大会，当选为中央执委会委员。同年代表中国共产党去莫斯科出席共产国际第五次代表大会。第一次国共合作期间，帮助孙中山确定联俄、联共、扶助农工三大政策在改组国民党的工作中起了重要作用。1927 年 4 月 6 日被军阀张作霖逮捕，28 日在北京英勇就义。

张伯苓（1876—1951 年），原名寿春，字伯苓，天津人，现代职业教育家，私立南开系列学校创办人，西方戏剧和奥运会的最早倡导者。早年入北洋水师学堂习驾驶，1897 年毕业后服务于海军，不久离职回天津执教于家馆。1904 年，张伯苓赴日考察教育，回国后将家馆改建为私立中学，定名敬业学堂。1907 年，在天津城区南部的开洼地，民间所称“南开”，建成新校舍，遂改称南开中学堂，现在的天津市南开区也由此得名。1917 年秋，赴美国入哥伦比亚大学研究教育，次年回国，着手筹办南开大学，

1919 年秋正式开学。1923 年，创办南开女子中学。1928 年，创办实验小学，先后担任校长四十余年，培养出不少人才。七七事变后，南开被日军飞机炸成废墟，大学部先迁长沙，继迁昆明，与北大、清华合组成西南联大，任校委会常委。1938 年 7 月，任国民参政会副议长，同年加入中国国民党。1945 年，当选为中央监察委员。1946 年 6 月，获美国哥伦比亚大学授予名誉文学博士学位。1948 年 6 月被迫出任南京国民政府考试院院长，避居重庆，深居简出。1949 年 11 月底，重庆即将解放，张伯苓拒绝赴台而留守大陆。1950 年回到北京，受到周恩来欢迎。曾于 1920 年任香山慈幼院评议会评议员。

雷洁琼（1905—2011 年），曾用名洁群，广东台山人。1913 年考入广东省立女子师范学校小学部。1924 年赴美留学，获取美国南加州大学社会学硕士学位。1931 年回国后，在北平燕京大学社会学系任副教授。1938 年后任国民党江西省妇女指导处督导主任、江西省地方政治讲习院妇女班主任、江西省妇女生活改进会顾问、江西省伤兵管理处慰劳课上校课长、江西省战时妇女干部训练班主任、江西省中正大学政治系教授。1941 年后任上海东吴大学社会学系教授，兼任上海沪江大学、圣约翰大学、华东大学、震旦女子文理学院教授。1945 年，参与发起创建中国民主促进会。1946 年 9 月，任燕京大学社会学系教授。1949 年 9 月，出席中国人民政治协商会议第一届全体会议。中华人民共和国成立后，任政务院文教委员会委员、北京政法学院教授兼副教务长、国务院专家局副局长、中国新政治学会副秘书长。1973 年后任北京大学国际政治系教授、社会学系教授。1977 年后，历任政协北京市委员会副主席、北京市副市长、民进北京市委员会主任委员、国务院学位委员会第一届学科评议组成员、中华全国妇女联合会第四届和第五届副主席、中国国际交流学会副会长、中国社会学学会副会长、北京社会学学会会长、中华人民共和国香港特别行政区基本法起草委员会委员、中国婚姻家庭研究会会长。1986 年 3 月至 1988 年 3 月，任政协全国委员会副主席。是第一、二、三届全国人民代表大会代表，第六届全国人大常委会委员兼法律委员会副主任委员，第七、八届全国人大常委会副委员长，政协第五届全国委员会常务委员，民进第四、五届中央常务委员，第六、七届中央副主席，第八、九届中央主席，第十届中央名誉主席。1993 年 10 月率全国人大代表团出席亚洲议员人口与发展论坛第四次大会。2011 年 1 月 9 日在北京逝世。曾于 1941 年后担任香山慈幼院董事会董事长。

张雪门（1891—1973 年），爱国教育家，浙江宁波人。幼年研读四书五经，后毕业于浙江省第四中学（现宁波一中）。1912 年任鄞县私立星荫小学首任校长。1918 年创办星荫幼儿园，任园长。1920 年创办宁波幼稚师范少校，任校长。同年应聘到北京孔德学校任小学部主任。1924 年，入北京大学教育系学习并兼任职员。1928年孔德学校开办幼稚师范学校，主其事。1937年，卢沟桥事变，北平危急，幼师被迫迁广西桂林，为广西培养了大批幼稚教育骨干。1945年，应台北长官公署民政处之邀，先后在台北开办儿童保育院、台湾省育幼院、台中育幼院等。1952年，因眼疾加重不得不离开育幼院，随后先后任台南幼师科顾问、全省幼儿团教师暑期讲习班主任并兼任教务和讲课、空军妇联分会62所幼儿园顾问、侨民教育函授学校教育科主编等。1973年4月18日病逝于台湾。曾于1930年应北京香山慈幼院院长熊希龄之聘，编辑《幼稚师范丛书》，并在香山见心斋开办北平幼稚师范学校，任校长。

顾兆麐（1891—1963年），字石君，顺天府宛平县（今北京市）人，中华民国官员、语言学家。1912年留法俭学会成立，顾兆麐成为首批加入该会的100多名会员之一。1917年，任京师学务局小学科科长。1922年，北京学界赎路集金会成立，蔡元培、王家驹任会长，谭熙鸿、郑锦、祝椿年、李大钊、顾兆麐、马寅初分任总务、宣传、交际等职务。1924年，任北京政府教育部秘书。1925年，任教育行政讨论会会员。1932年，任命为国民政府教育部督学。1936年至1937年，老舍在写《骆驼祥子》时，顾兆麐给他提供了许多“北平口语中的字和词”，帮助了老舍的写作。

此外，熊希龄的长女熊芷和她的丈夫朱霖，同样热心香山慈

▲ 慈幼院蒙养园大门

▲ 幼稚园老师与儿童合影

幼院的工作。留学美国学幼稚教育的熊芷，于1927年9月任香山慈幼院第一校蒙养园主任。1929年成立婴儿教保园，熊芷主持其事。1930年10月兼第二校小学部副主任，并教小学五年级英语。1935年6月至1936年6月，熊芷赴欧美考察教育，回国后在全院师生大会上作了《美俄两国学龄前儿童之教育》及《两种师范之新课题》两场讲座。慈幼院在婴幼儿的保育教育和培养保育员等方面做出了突出的成绩，并总结出了一套经验。熊芷的丈夫朱霖，于1928年8月任慈幼院第四校（包括专工班、工厂、动物园、植物园等）主任，1930年被聘往北洋大学当教授，仍兼慈幼院技术顾问。

筹集善款

慈幼院的教育经费，是首要大事，但捐款和资助是如何来的呢？其一是当时政府补助经费，其二是各界人士捐助的善款，其三是原静宜园遗址建立贤达富商资助，但一直以来，慈幼院在办学筹款上十分艰难，屡遭磨难，作为院长的熊希龄仍然坚持不懈。1930年中原大战，政府内战消耗，无法给慈幼院下拨补助经费，慈幼院陷入经济困难。1930年11月至1931年1月，慈幼院的10名学生自发组织千里奔赴南京请愿，取得政府应允按月拨款，使得香山慈幼院渡过危机。1932年10月15日，熊希龄邀请

▲ 梯云山馆（张謇别墅）

▲ 玉华寺（萧振瀛别墅）

亲友，组成董事会，制定 26 条规定，把从清初至民初任职 25 年以来的全部积蓄，捐献给了“熊朱义助儿童幸福基金社”，共计大洋 275277.14 元，白银 62000 两。熊希龄把自己的全部家产捐充慈善基金，尽瘁国事，直至生命的最后一息。

在慈幼院捐款的事上，有民国“四公子”之称的张伯驹，代捐镇芳楼的故事。在香山慈幼院地址上有一座镇芳楼，这里曾经是香山慈幼院董事会、院务会办公地，在慈幼院建筑群中有着较高的地位。镇芳楼是一座二层小楼，典型的民国建筑风格，前面有砖砌廊柱，后面有小青石的转角室外楼梯，灰砖烫白缝，古朴雅致。1949 年 3 月 25 日，中共中央机关进驻香山后，此处为中共中央办公厅机要处办公居住地。据张伯驹撰《续洪宪纪事诗补注》记载，张勋复辟夭折后，张镇芳（张伯驹之父）和雷震春二人认为同系北洋旧人，思想上毫无顾虑地从北京乘火车去天津，路经丰台车站时，不料被扣留。张镇芳被押送大理院裁判。几日后，因病被送往医院治疗，并被派军警严加看守。

这时，正遇 1917 年直隶、京畿两省发生大水灾，635 万余人无家可归，11 月京畿赈灾联合会拨款，决定在香山创办慈幼院。熊希龄得知张镇芳、雷震春被押，通过与张镇芳挚友商量，希望张镇芳捐款助赈，张镇芳慷慨允之，并由其子张伯驹出面捐助大洋十万、公债二十万、中钞十万。后来熊希龄对张伯驹捐资表示谢意，用此款在园中建楼一座，作为第三院男校

▲ 张伯驹代父张镇芳捐“镇芳楼”

中楼并命名“镇芳楼”，以示纪念。张伯驹之女张传彩曾来此楼，笔者有幸与之会面，询问捐款事宜，张传彩女士证实捐款此事确为其父张伯驹所为。

著名京剧大师梅兰芳酷爱香山，受其挚友银行家冯幼伟邀请，经常来香山游玩，且住在雨香馆边上的别墅里。1922 年春，梅先生与几位好友在山间游玩，发现一块没有刻字的大石头，兴致盎然，随即在巨石上写下一个高 1.95 米、宽 1.9 米的硕大的“梅”字，笔势遒劲潇洒。石头下方署名“兰芳”二字，右下方刻有李释戡的题记，全文为：“壬戌三月二十有四日，肃紫亭、齐如山、梅兰芳、王幼卿、李释戡同来，兰芳写梅，释戡题记。香山游者虽多，未必遂登此石，亦足以自豪矣。”题记下方有“齐如山监制”五个小字，人称“五君子刻石”，也叫“梅石”。

像梅兰芳这样耀眼的名人，题“梅”石这种行为怎么可能不为人所知呢。果不其然，他们在巨石上题字的这件事很快就传开来了，而且传到了熊希龄的耳朵里，当时熊希龄正为办学经费短缺而苦苦发愁，闻知此事，眼前一亮并心生一计，决定利用此事好好“敲诈”一下梅兰芳。

熊希龄“气势汹汹”地找到梅兰芳等人，指责他们在香山皇家御园随意刻画，并借题发挥，要“惩罚”梅先生在香山搞一场义演。梅兰芳等人深表愧疚，一方面觉得自己确实有错在先，不

▲ 梅兰芳题“梅”字石刻

▲ 森玉笏（冯庸别墅）

占理；另一方面也想要为慈幼院尽一份绵薄之力。于是梅先生欣然同意，上演了一出他的拿手好戏《宇宙锋》，并把这场演出的全部收入捐给了慈幼院。

品学兼优

正因为慈幼院有优秀的老师，老师们的无私大爱，才能培育出优秀的人才。慈幼院的教学理念、方针和思想，让学生真正地感觉到了家庭般的爱。熊希龄说过："这些孩子都是真心地爱我，把我当他们的父母，我把他们当我的儿女，成立我们这个大家庭。这便是我的终身志愿了！"幸福的童年可以治愈人生，不幸的童年，则要花费一生去治愈。在那个兵荒马乱，国破家贫的年代，香山慈幼院就如同世外桃源，积极向上的校风和真挚博爱的关怀，给予了在校学生弥足珍贵的、对其一生产生巨大影响的充实和幸福的童年。

香山慈幼院的莘莘学子，在课堂上聆听着国内一流大师的讲课，在工厂里学习实践操作，在操场上锻炼体魄。他们不仅掌握了学识，还学会了生活、生存的基本技能，以国学为本的处世之道以及酬报社会的感恩之心。尤为可贵的是，他们接触到了共产主义的先进思想，五四新文化运动带来的彻底反帝反封建的伟大爱国革命思潮，影响和培育了他们的价值观和理想信仰，在那个青春激荡的岁月里，他们的心底深深地埋下了爱国革命的种子。

香山慈幼院培养的学生们，有的积极投身革命事业，甚至献出了宝贵的生命；有的从事科研工作，为中国科技复兴不懈努力；有的薪火相传，继续点燃恩师的烛光，从事教育事业；有的当上白衣天使，悬壶济世，救死扶伤。总之，香慈学子们，秉承了香慈的理念，践行誓言，尽其毕生，把所学之识、所用之能、所身之躯，回报了社会，奉献给了国家，为民族独立和革命进行了不懈的探索和奋斗。

慈幼院在时局动荡、民族危难之际，服务社会，报效社会，救死扶伤，以大公无畏精神践行着教育理念。熊希龄认为，慈幼院的儿童，多出自孤贫，受社会慈善家的帮助，才得以有相当的教养。因此他们在求学时与毕业之后，也应该以帮助社会为宗旨，做种种救济事业，饮水思源，酬报社会。

1920 年，正值直皖战争，北京西路自团河长辛店到良乡琉璃河一带是当时的战区，军阀混战殃及百姓，慈幼院受红十字会委托，与天津南开学校组成联合救护队，奔赴前线，救死扶伤，曾经救助妇女儿童数百人，直到战争平息，难民返乡，救护队的师生才返校复课。

1922年，直奉战争爆发，在香山上课的慈幼院师生们听到隆隆炮声，感到十分惊慌，熊希龄马上召集全院开会，发表演说：“我们慈幼院的孩子，是被人救济的，遇到此种机会，我们不但不要怕，并要牺牲性命去救人才算得是慈幼院的精神。”之后，慈幼院配合红十字会组织了三支救护队，冲到前线救治伤兵200余名，救出难民百数十人。其间还自行组织保卫团，由14—18岁的大孩子们组成，学习“兵式操”，执行站岗、放哨和警卫任务，其他同学则为他们送饭、洗衣，发扬互助精神。

1924年，第二次直奉战争爆发，慈幼院又与红十字会合作，组成两支救护队，来往京津之间，救助伤兵100余名，分别送往临时医院、协和医院和中央医院。

1925年12月，国奉两军在京津之间交战，在攻打天津的战斗中，冯玉祥的国民军死伤惨重，当时的南苑临时救伤医院缺乏人员，十分困难，多次请慈幼院相助。慈幼院先后派出四批共计188名师生看护伤员，配药、喂食、扶持、读报、写信，样样尽心竭力，昼夜轮班照护6000余名伤兵。其中的1000余名伤兵，因得到及时救助，得以保全性命，与慈幼院师生分别时再三泣谢。经历此事，慈幼院与冯玉祥国民军建立了深厚的感情，此后当慈幼院经济困难时，冯玉祥都会慷慨解囊加以资助。

1926年，国民军在北京与直鲁奉联军相持，导致京郊妇孺流离失所。红十字会在城内设立收容所，慈幼院师生组建14人的救护队，前往照料难民。随后战线南移，京师救济联合会与各慈善团体散放赈米，其中西郊一带散放的任务由慈幼院承担，进行了半个多月，救济难民数万人。

慈幼院大爱无疆，救助和教育的学生数以万计，据慈幼院史，仅在1921年至1926年学生人数就达到8000余人，分别为1921年964人，1922年1252人，1923年1417人，1924年1505人，1925年1565人，1926年1704人。据不完全统计，建院28年慈幼院共培养各种人才6000余人。

1926年以后至抗日战争前，学生和教师队伍中产生了中国共产党的地下组织，在香山慈幼院毕业的一部分学生也成了革命的传播者，在全国各地开展革命斗争；还有一部分成为学者，为新中国的经济建设贡献聪明才智。他们中有8人担任新中国的省部军级领导干部，有中央顾问委员会委员、铁道部部长刘建章；中央顾问委员会委员、邮电部部长、老红军王子纲；外交部副部长张百川；全国政协委员赵志刚；商业部副部长、全国政协委员安法乾；内蒙古自治区政协副主席梁一鸣；人民解放军军级干部梁锡昌、李炎等。另外还有4人成为为国家作出突出贡献的科学家，他们从香山慈幼院被保送到清华大学、燕京大学、南开大学、北京师范大学等学校，又出国留学，学成归国后报效祖国。他们分别是曾担任水利水电科学院副院长兼水文研究所所长、中科院地理研究所学术委员、长江三峡工程综合组专家谢家译；曾担任上海中国经济所研究员、中科院自然资源综合考察委员会研究员冯华德；水电部科技情报研究所总工程师张立志；中国自动化电信器材总经理、上海电信器材厂总工程师、教授级高工鲍熙年。

刘建章（1910—2008年），河北景县人。1920年，刘建章离开家乡到香山慈幼院念书，在火车站台上，第一次看到隆隆作响的火车时，便被深深地震撼。在香山慈幼院读书期间，刘建章接受了共产主义思想，1926年加入中国共产主义青年团并参加革命工作，同年转为中国共产党党员。1928年，东北正遭受日本帝国主义的侵略和蹂躏，香山慈幼院组织一批师范毕业生去战争前线的东北延吉任教。还没有毕业的刘建章听说后，申请加入了这个行列。根据上级党组织的指示，北平的10名党员分别担任了10个党支部的书记，他们的任务是在共产党延边区委的领导下发展壮大党的队伍。当上级党组织被破坏时，年仅19岁的刘建章临危受命，担任了中共延边区委书记。抗日战争时期，刘建章同志历任华北人民抗日联军第九军区政治部主任、冀南行署副主任职务。他在冀南地区改编和扩大抗日武装，建立了抗日民主政府，为创建和保卫冀南抗日根据地作出了重要贡献。1947年，随着人民解放军全国性反攻，战线不断拉长，铁路运输问题越来越突出，石家庄解放后，刘建章被委派担任晋察冀边区铁路管理局局长。1948年5月，刘建章被任命为华北人民政府副部长兼华北军运司令员。在极其艰难困苦的条件下，刘建章曾负责领导了邯涉铁路涉馆段的修建任务，克服重重困难，终于在大决战前的1948年10月20日，筑通了贯穿南线千里的“栈道”——邯涉铁路，它也是中国共产党修建的第一条铁路。当时任中央军委副主席的周恩来称为“中国历史上的一奇”。从此刘建章与铁路结下不解之缘，前半生奉献给了中国革命事业，后半生奉献给了中国的铁路事业，成为共和国铁道部部长。退休后，始终保持旺盛的革命斗志，从事体育的传播工作。

曹亚范（1911—1940年），从香山慈幼院走出来的抗日名将，东北抗日联军著名将领，杨靖宇将军的亲密战友，朝鲜领袖金日成在东北抗日联军时的最佳搭档。1924年，中国共产党在慈幼院建立地下组织，曹亚范开始接受马克思主义启蒙教育。1928年，被派往吉林省和龙县当小学教员。1930年5月，参加中共东满特支领导的“红五月”斗争。1931年，加入中国共产党。1933年11月，任中共和龙县委委员、县委书记。1935年3月，当选为东满特委秘书长。同年5月，任东北人民革命军第二军第二团政委。1936

年 3 月，任东北抗联第二军第三师政委。同年 7 月，当选为中共南满省委委员。1937 年春，任东北抗联第一军第二师师长。1938 年 7 月，任东北抗联第一路军第一方面军指挥。1940 年 4 月 8 日，在濛江县龙泉镇西瓮圈被叛徒杀害，为了中华民族的解放事业献出了宝贵的生命。

李光华、李幼华，李大钊的次子和三子。李大钊是中国共产主义的先驱，伟大的马克思主义者、杰出的无产阶级革命家、中国共产党的主要创始人之一。1928 年 4 月 28 日，李大钊在北京被捕，始终严守党的秘密，大义凛然，坚贞不屈，英勇就义。李大钊留下的 5 个子女中的李光华、李幼华小哥俩在 1934 年被党组织安排到香山慈幼院就读，孤苦的兄弟俩在香慈接受高水平的正规小学教育，香山优美的环境、优秀的师资、先进的教学理念，深深地感染了他们。他们的史地老师中共党员袁拙农，给他们讲中国革命史、讲马克思主义先进思想，触动了他们内心深处最深、最痛的感情，让他们情不自禁地流下眼泪。袁老师抚摸他们的肩膀说“不要难过，要坚强”！这是革命者对革命先驱遗孤最真挚的关怀和鼓励。正是受到这样的教育和关怀，让他们感受了亲情的温暖和灵魂的依靠。同时在香慈的三年里，受教之余，还尽情玩耍，把香慈当家，把香山当成自家花园，酣畅淋漓地玩，忘却了时间，忘却了苦难，享受着孩子应该享受的无忧无虑的童年。1940年李光华、李幼华跟随哥哥姐姐赴延安，参加革命工作。李光华曾任中共乐亭县委宣传部长、唐山华新纺织厂党委书记等职务。1956年，调任中国科学院电子研究所党委书记。李幼华一生从事教育工作，曾任北京市大峪中学校长，门头沟师范学校党委书记兼教师进修学校校长，1989年病逝于北京。

红色摇篮

香山慈幼院和中法大学是中国共产党较早开展活动的单位。1922年，建立了以中法大学党员为主体的中共西山支部，肖明担任书记。1923年，建立了以肖明为书记的中共中法大学支部，同年陈毅入党，后由陈毅（1924—1925年）、王斐然（1926—1927年）担任支部书记。

1925年，郭隆真在慈幼院先后建立两个党团组织，女校党员有李益韬、乐毅、程贵珍、李芙蓉、李乐、刘志毅等；男校团员有张百川、张德昌、李玉振等。西山部委负责发展男校党员，有郭乃岑、夏基鸿、鲍双印、胡荣庆等，并建立党支部。1926年冬，由李大钊亲自批准，郭隆真介绍入党的张秀岩任香山慈幼院女校的党支部书记。男校的党支部书记是胡容庆和夏基鸿，后由刘建章接替，到1928年初共有中共党员70多名。

1926年，慈幼院支部与燕京大学支部、清华大学支部、中法大学支部、西山中学支部组成了中共北京西郊部委，以香山卧佛寺为据点，一直开展地下活动，如中共北方局计划举行武装起义，建立北京苏维埃政府，西郊区委书记朱理治根据市委的指示，在海淀召集清华大学、燕京大学、西山中学、中法大学附中和香山慈幼院等院校的党组织负责人开会，进行具体布置，设立行动委员会和“侦缉队”，朱理治任大队长，西山中学党支部书记王冶秋任中队长，将西山中学和香山慈幼院和党团员组织起来，进行军事训练。

1937年抗日战争爆发到1948年11月香山地区解放的这段时间里，慈幼院已不景气。随着三大战役的结束，中国革命形势发生了根本性的转变。北平和平解放有了眉目，为了加快全国解放进程，中共中央决定迁驻北平。

1948年12月，党中央军代表以劳动大学名义借用香山慈幼院房屋，因为毛彦文已不在北平，副院长雷动与院董事会董事长雷洁琼商量后同意了此项事宜，并提出“慈幼院有1000多名儿童，如要借用，需要给予妥善安置”。1949年1月，应中共中央邀请，雷洁琼赴西柏坡，拜会毛泽东和其他中央领导人，将熊希龄的私宅双清别墅及香山慈幼院的3000余间校舍全部腾给中央机关，师生们搬迁到西安门大街26号新校舍。

不久，北平市军管会代表薛子正，后任市人民政府秘书长，在中南海西花厅设宴款待香山慈幼院全体教职工，代表中共中央和中共北平市领导向香山慈幼院师生对革命事业作出的突出贡献，表示由衷的感谢，宣布此后学校经费和供给由解放军军管会负责。

据《中共中央在香山》中记载，香山慈幼院为中共中央一共腾出了 3000 多间房。1949 年 1 月 20 日，市军管会决定接收香山慈幼院房屋，并将慈幼院迁到府右街，后移至城西白堆子。为了慈幼院的长久发展，国务院和北京市政府在阜成门外的阜成路边划出 100 亩地，按照当时苏联最先进的学校建设规模和配备，给香山慈幼院建立了永久的校址。香慈院于 1954 年搬到这里，1976 年改名为“北京市立新学校”。目前，北京立新学校是海淀区唯一一所拥有幼儿园、小学部和中学部的学校。

历史就是这样有趣，所有的历史都是当代史。透过史料文字，穿越时空隧道，我们会看到在特殊的机缘里，近代中国重要的人物都会在特殊的时空中交汇，他们或多或少地与香山结缘，或直接参与，或诸多牵连，或耳熟能详，最终等待一个最佳的时机与香山结下不解之缘。

香山慈幼院首任院长熊希龄，以满腔的爱国情怀、无私的奉献精神和高尚的品格，投身于维新变法和慈善教育，探索真理，抗日救亡，谱写了可歌可泣的人生。一代伟人毛泽东同志曾评熊希龄："一个人为人民做好事，人民是不会忘记他的，熊希龄是做过许多好事的。"周恩来总理也曾经中肯地评价熊希龄："熊希龄是袁世凯时代第一流人才，内阁总理。熊希龄的事，我看后，就记得很清楚。"1988 年，胡耀邦总书记到凤凰视察时也指出："凤凰出人才，熊希龄当过国务总理，做过许多好事。"中共中央三位领袖对熊希龄的高度评价，充分体现了熊希龄伟大的思想情操和不凡的爱国恤民精神。

谦虚谨慎，不骄不躁，进京赶考，决不当李自成。决战千里，指挥渡江战役，向全国进军。共商国是，筹备新政协。革故鼎新，二十八载，风雨兼程，人民民主专政，奠基新中国。四面八方，建设新经济。另起炉灶，秘密访苏，独立自主新外交。

第五章　人间正道是沧桑

▲ 双清别墅庭园红亭

1948年9月12日至1949年1月31日，历时4个月零19天，震惊中外的辽沈、淮海、平津三大战役结束后，中国共产党领导的人民解放军歼灭和改编国民党军队154万余人，长江以北地区已经解放，国民党的主要军事力量基本上被摧毁，中国革命形势发生了根本性的转变。国民党残余势力集结在长江沿岸，企图凭借长江天险阻止中国革命的进程，达到谋江守和、划江而治的目的。三大战役的胜利标志着中国人民解放战争在全国的胜利已成为定局，如何建立新中国、走什么道路、举什么旗帜，确定新中国成立的方略、各项方针政策等已迫在眉睫。

1949年1月6日至8日，中共中央在西柏坡召开的政治局扩大会议，通过了《目前形势和党在一九四九年的任务》，会议决议第十七条明确提出："北平解放后，必须召集第七届第二次中央全体会议。"在这种历史背景下，为建立新中国做好准备工作，成为中国共产党的首要任务。

经过充分准备，1949年3月5日至13日，中国共产党七届二中全会在西柏坡胜利召开。毛泽东同志在会上做了报告，提出了促进革命迅速取得全国胜利和组织这个胜利的各项方针；说明了在全国胜利的局面下，党的工作重心必须由乡村转移到城市；规定了党在全国胜利以后，在政治、经济、外交方面应当采取的基本政策，以及使中国由农业国转变为工业国、由新民主主义社会转变为社会主义社会的总任务和主要途径。

中国共产党经过艰苦卓绝、坚韧不拔的土地革命战争，抗日战争和全国解放战争，胜利即将到来，毛泽东等中央领导敏锐地察觉到党内出现了骄傲自满、以功臣自居、停顿起来不求进步、贪图享乐不愿再过艰苦生活的“四种情绪”。这对于即将执政的中国共产党，势必是一次重大考验，会上毛泽东郑重地告诫全党，必须防止资产阶级糖衣炮弹进攻的危险，强调要加强党的思想建设，提出了“两个务必”要求：“务必使同志们继续地保持谦虚、谨慎、不骄、不躁的作风，务必使同志们继续地保持艰苦奋斗的作风。”中共中央决定进驻北平。

凡事预则立，不预则废。早在1949年1月19日，中央军委就安排中共中央直属机关供给部副部长范离等人前往北平，为中央进驻北平选择驻地。1月底，范离带着叶剑英给中央军委秘书长杨尚昆的亲笔信，返回西柏坡向党中央汇报。信中写道：“范、刘（刘达）二同志侦察和研究的结果，我们认为地区的选择，以香山为适当，只需牵动一家（慈幼院）就可基本解决。”

1月27日，杨尚昆约中共中央直属机关供给部部长邓典桃等谈准备移动问题。对移动的事杨尚昆与周恩来共商，已大致有所决定，时间大约是2月中旬。政协筹备会将于那时召开。拟要情报委员会副书记、社会部部长李克农先去，负责布置一切，并决定杨尚昆殿后，各部门究竟先走若干人，同时还待商定。已用周恩来名义密电中共中央政治局委员、北平市委第一书记彭真和中共中央委员、北平市委第一副书记叶剑英、中央军委作战部副部长兼第三局局长王诤早做准备。

1949年2月，中央又派李克农一行13人赴北平，就中央驻地展开全面调查，李克农一行于2月5日到达北平。北平警备司令员兼政委程子华陪同他们赴香山实地勘察，最终确定了香山为中共中央、中国人民解放军总部的驻地，原因为：其一北平城刚解放，治安尚待整顿，而香山人烟稀少，便于保密和警戒；其二中央长期处于农村环境，对城市生活不习惯，缺乏管理城市的经验，香山位于北平西郊，可以提供积累经验的过渡；其三北平解放不久，傅作义军事机关尚未撤离完全，住房紧张，而香山有房屋3000余间可供使用。

1949年2月10日，杨尚昆召开中央各单位负责同志会议，传达准备迁移问题，提出：“此次移动与去年均不同：进大城市，对20年在乡村中的我们不能不说是大变动，北平的解放，是‘和平’的，未经过肃清，而且反动势力已有布置；走得快，难于设想搞好后再走。同志们应警惕，应小心，同时要正确认识，不要希望太高，要求太高，更要保持我党朴素的作风。”中央在与各同志交换将来驻地的意见时，任弼时曾主张把党政军系统分开，鉴于时机未成熟未能实现。

3月19日下午中央召开各部门负责行政会议，宣布中央迁移。周恩来在会上强调：“中央迁北平是去工作，是去克服困难，不是去享受，去安乐。”党中央周密部署、精心策划，筹划驻地、供给、经费等分配，安排先遣队及警备工作，成立移动委员会，明确分工、组织和纪律等问题。

进京赶考

党中央定于1949年3月23日进京。23日凌晨两三点，毛泽东批阅完最后一件公文后，站在窗前眺望夜空，回想起共产党28年的艰苦历程和牺牲的亲人及战友们，思绪万千，直到凌晨4点，才上床休息。

1949年3月23日上午11时许，中共中央和人民解放军总部从西柏坡出发，出发前，周恩来问：“主席，休息好没有？路途很长，很辛苦的。”

毛泽东精神焕发，异常高兴，手扶车门，对几位中央领导人说："今天是进京赶考的日子，精神不好怎么行呀！"

周恩来风趣地说："我们都应当考及格，不要退回来。"

毛泽东深情地回望西柏坡，大手一挥，满怀信心地说："退回来就失败了。我们决不当李自成！我们都希望考个好成绩。"

毛泽东、朱德、刘少奇、周恩来、任弼时五大书记一行，包括中共中央和解放军总部，分乘 11 辆小汽车、10 辆大卡车，正式向北平进发。车队第一辆是带路前导车，第二辆是中吉普，毛泽东乘坐在这辆车上，司机是周西林。第三辆中吉普也是警卫车。第四辆是小卧车，坐着刘少奇一家。第五辆是江青和李讷坐的中吉普。第六辆是周恩来和邓颖超乘坐的中吉普。往后几辆车坐的分别是朱德一家、任弼时一家、陆定一一家和胡乔木一家。最后一辆是小吉普车，负责断后压阵。中央警卫团的一个手枪连和一个步兵排分别坐在大卡车上担任沿途保卫任务。

毛泽东乘坐在吉普车上，兴致很高，同周围的人有说有笑："1947 年撤出延安是 3 月，1948 年离开陕北到华北是 3 月，现在离开农村进北平也是 3 月。真是巧得很，3 年三次大行动都是在 3 月，明年的 3 月应该解放全中国，全国解放了，我们就再也不用搬家了。"车队沿着坑洼的山间土路行驶，在一路烟尘中颠簸向北前行。

从 1936 年到 1949 年，住了十多年山沟的毛泽东穿着的还是

▲ 毛泽东从西柏坡来北平香山乘坐的同款吉普车

那身臃肿的棉衣、棉裤和老棉鞋。行军途中，毛泽东表情凝重、若有所思。离开西柏坡，心头虽有离别之意，但更多的是对未来的憧憬和希望。

毛泽东问同车的警卫排长阎长林："你们说，咱们走到今天这一步靠什么呀？"

阎长林高声回答："还不是靠民心，靠主席的领导呀！"

毛泽东笑着说："对呀！靠民心！蒋介石没有想到，他天天想消灭我们，反而被我们消灭了。人心向背，这就决定了我们必定胜利，蒋介石必定失败。仗打完了就要开始建设了，进了北平就得搞建设，才能争取民心啊！"

3 月 23 日傍晚，车队抵达唐县淑闾村。淑闾村位于唐县城北 4 公里，原本想在县城南关的王鹤寿家休息，考虑到周围情况比较复杂，最后决定留宿在淑闾村李登魁烈士家。毛泽东在李登魁家门前下车后，就住进北屋里。

进京赶考的第一天晚上，毛泽东几乎没有睡，前半夜同村干部座谈，后半夜伏在用门板支起的床上，一盏小油灯伴着他，一直工作到东方露出鱼肚白。

3 月 24 日凌晨四五点，天刚蒙蒙亮，毛泽东和中央其他领导人悄悄告别淑闾村，继续北行。中午时分到达河北省委驻地保定，在城西门外广场，冀中区党委的领导林铁等人已在这里迎候。当时围观群众很多，考虑到比较复杂的情况，有警务人员提出要不要“净街”。毛泽东对驱赶群众这一套封建、国民党的做法很不赞成，“净街？净街干什么！看一看死不了人嘛。”毛泽东在汽车里，还不断地向围观群众招手致意。毛泽东听取林铁汇报当前工作，此后毛泽东、朱德、周恩来、刘少奇、任弼时五大书记，在保定兴致勃勃地吃了顿白洋淀师傅做的“清蒸卤煮鱼”。

下午2时30分，车队驶出古城保定继续往北，经徐水、定兴、新城（今高碑店）等县，于傍晚到达涿县（今河北省涿州市）。此时已经掌灯，城门紧闭。守卫的哨兵将车队拦下，坚称没有我们领导的命令，不管是谁都不开门。在哨兵进城找领导汇报期间，毛泽东耐心等待，并对卫士长说：“他们做得对，不要紧，可以等一等。”大家正着急的时候，中央机关打前站的同志和涿县领导，急忙从城里跑来，边跑边喊：“进！进！快让汽车进去！”哨兵这才敬礼放行。当时涿州刚刚解放三个多月，安保工作是头等大事，士兵的举动完全合乎情理。

毛泽东进涿县时，发现这个素有“天下第一州”之称的千年古郡冷冷清清，并听到了“市场没回城，买卖难兴隆”的说法，便向涿县县委书记王成俊询问情况。原来为了城防，原国民党驻军把所有的商户都赶到城外去了，不让人们进城里来。解放后接管工作头绪较多，一时没顾上把市场迁回来。毛泽东当即说：“工作千头万绪，先要从群众最需要的抓起，应该学会掌握城市工作的规律，马上把市场迁回来。”于是，“市场回城”成了涿县县委学到的“执政第一课”。

3 月 24 日晚上，毛泽东一行宿住涿县城内粉子胡同的第四野战军 42 军军部。新中国成立后，县公安局一直在该址办公，后来改为三义小学，校园内仅存毛主席当晚宿住的平房建筑一座，如今已建成为“党中央毛主席进京驻涿纪念馆”。

3 月 25 日凌晨 2 点，毛泽东等中央领导人，在从北平赶来的北平市市长叶剑英、中央军委铁道部部长滕代远的陪同下，由涿县改乘火车向北平进发。清晨 6 时，专列缓缓靠站，毛泽东等人在清华园火车站下车，此时，距离毛泽东上一次来北平已经过去了整整 30 年。30 年前，毛泽东在北大图书馆工作时，只是负责报纸阅览登记的临时工。当年的临时工，今天已经成了一个新时代的奠基人。毛泽东走下列车，踏上清华园火车站的第一步，踏上 30 年后故都土地的那一刻，意味着中国革命由农村转移到了城市，也意味着中国现代史将掀开新的一页。

毛泽东等中央五大书记从西柏坡出发，走什么路线，采用什么方式进入北平，在当时来说是最高机密。3 月 21 日，叶剑英、李克农就进驻北平沿途的工作部署给周恩来发去了请示密电，在中央档案馆的解密文件中保存着当时的密电：“绝密，今晨 9 时……大家认为路途太长，乘汽车连续三天，而下车又要阅兵等，恐太疲劳，不如从涿州或高碑店，改乘火车，人既舒适。”周恩来的复电："绝密，同意来电所提各项布置，但不要鸣炮，以军乐队代之，我们预定24日晚宿涿州，请派一负责干部到涿州等候我们，由涿州到北平的专车可以准备，究竟坐汽车或乘火车等我们到涿州后再作决定。"

在北平城内，为确保中共中央安全抵达，便衣队、警卫队以及市公安局等部门部署了严密的保卫工作。毛泽东等中央领导人从涿州换乘火车进北平时，编了3辆列车，分别开往前门、西直门、清华园三个火车站，三个火车站都布控了周密的警卫任务，内部警卫由便衣保卫队负责，外部警卫由四野207师担任。

毛泽东等中央领导人究竟在哪个列车上呢？按照原计划向外散布的消息，很多群众以为毛泽东是从前门火车站下车，于是街上锣鼓喧天，行人们拿着传单去前门火车站迎接。可是跑回来的人都说，前门火车站没有中央领导。原来，第一列火车为前卫车，载着警卫部队和少数干部以及警卫人员，在西直门站下车，然后用卡车将他们直送香山。第二列车为专列车，毛泽东等中央领导人都在这列车上，此车挂8节卧车和1节餐车，直开清华园车站。第三列车为后卫车，挂5节客车和3节行李车，开往前门车站。

从涿州到清华园，共有12个车站，约60公里，两三个小时即可到达。为了保证安全，每站都派专门负责人员两名，一个守电话，另一个盯道岔并监督车辆通过。

毛泽东等中央领导人与迎候在车站的林彪、罗荣桓、聂荣臻、李克农等人一同乘轿车至颐和园益寿堂休息。进入颐和园后，毛泽东发现偌大的一个园子，竟然空空荡荡，没有一个游人，就询问工作人员怎么回事。原来为确保安全，中央社会部把园内的人给清出去了。毛泽东意味深长地说："水全排光了，鱼还怎么活呀？"

3 月 25 日下午 4 时半，毛泽东等中央领导由颐和园出发，于 5 时许到达西苑机场，顿时军乐四起，欢呼震天。叶剑英、聂荣臻等人迎上前去，毛泽东、朱德等中央领导首先和工人代表、农民代表、青年代表与妇女代表一一握手。接着，毛泽东一行来到 160 多位民主人士的欢迎行列，其中包括李济深、沈钧儒、郭沫若、黄炎培、马叙伦等著名人士，和平起义的傅作义将军也在其中。毛泽东和他们一一握手、互致问候。紧接着，在《解放军进行曲》雄壮嘹亮的乐声中举办盛大的阅兵式。

随着一发白色照明弹的腾空升起，阅兵开始。毛泽东登上第一辆吉普车，朱德、刘少奇、周恩来、任弼时等也分别登上了汽车。车队所到之处，"毛主席万岁！朱总司令万岁！"的欢呼声排山倒海，汹涌澎湃。受阅部队由第四野战军的三个步兵团、一个摩托化团、两个炮兵团、一个坦克营组成。第四野战军参谋长刘亚楼任阅兵总指挥，因收到命令较晚，为做到万无一失，受阅部队广大指战员们整夜未眠，进行动员、检查着装和军容，25 日清晨受阅部队全部准时到达西苑机场。这是一次胜利的检阅，是人民

▲ 西苑机场阅兵同款威利斯吉普车

解放军实力的展现，一面面战旗迎风飘扬，成排的高射炮、榴弹炮、摩托化步兵威武雄壮，充分地显示出中国共产党完全有信心、有决心、有能力彻底消灭国民党反动派，解放全中国。阅兵结束后，毛泽东同工人代表、农民代表、青年代表及民主人士一起，拍了一张合影照片，记录下了党与人民和民主人士的亲密无间、团结友爱。

3月25日晚上深夜时分，毛泽东、朱德、刘少奇、周恩来、任弼时等中央领导乘车安全抵达中共中央香山驻地。辛苦一天的安保工作即将顺利结束，保卫队的同志们正要放松之际，毛泽东下车后却发起火来，对跟上来的警卫高富有说："你们怎么搞的？我进城比蒋介石还厉害，搞得那么戒备森严！我们的战士用枪对着人家，多么不好看！"周恩来也批评说："我们是共产党，怎么能怕群众呢？"

从西柏坡到北平，进京赶考，决不当李自成。正如当年毛泽东所说，这只是万里长征走完了第一步，而这万里长征第一站，则是位于北平西郊的香山双清别墅。

进驻香山

双清别墅坐落在香山东南部，遮天的银杏、挺拔的松柏、白色的房子、红色的亭子、碧绿的池塘，透着幽静、沧桑和古朴。

相传金章宗在此睡梦中感到有泉水涌出，故名“梦感泉”。乾隆兴建静宜园时，此处为“松坞云庄”，院内石壁淌出两眼泉水，汇入院中池塘内，乾隆在石壁题名“双清”两个大字，依然清晰可见。在东向的园路边，还有一块极为隐蔽的道光诗文石刻：“何来匹练下层峰，洗出芙蓉拨黛浓。落日街山晚风静，砺牎对处涤心胸。”池塘南岸是栖云楼遗址，现存石砌台基，北岸是民国国务总理熊希龄创办香山慈幼院期间，所建的一排平房，作为私人府邸之用。房屋西侧翠竹掩映，有一水磨石面青石须弥座，后隔喷泉水池，立有水泥石屏，中间为佛龛，两边石刻：“翠竹满庭瞻法相，白云一坞识宗风”，为清乾隆御笔，原为香山寺洋式门楹联。院子门楣上“双清别墅”四字为熊希龄书写。

毛泽东走进香山双清别墅时说道：“这个院子不错呀，比我们西柏坡的院子还大，还漂亮！”毛泽东住进双清别墅之后，将会议室设在平房正中的大房间内，办公室和卧室分别设在会议室的两侧。

毛泽东进驻香山双清别墅第一晚是打地铺睡的。原来警卫准备了一张软床，然而他睡惯了木板床，躺在软床上翻来覆去怎么也睡不着，不一会儿就叫来了值班卫士，最后把床垫抬到外屋，在里边打地铺，这才睡着觉。第二天，卫士长李银桥赶紧找人赶制了张大木板床，这张床宽185厘米，长220厘米，一半用来放书，一半用来睡觉，毛泽东习惯睡前读书。

▲ 双清别墅大门

▲ 双清别墅院内

毛泽东一生博览群书，广博专深，兴趣之浓，用功之深，涉及马列、哲学和中国文史等书籍，不仅自己读马列，还向党内干部推荐马列主义著作，提出："学好马列主义不容易，联系实际用好马列主义更困难。"读哲学，把哲学归结为世界观和方法论，追求万事万物的"大本大源"，指导中国革命实践。他最喜欢读历史书籍，说："看历史，就会看到前途。"

朱德、刘少奇、周恩来、任弼时四大书记住在双清北面的来青轩，中央军委作战部、新华社、中宣部、办公厅、中央警备处、机要处及电话局等部门分别入住香山各处，马列主义学院入驻香山碧云寺。对外保密，称中共中央香山驻地为"劳动大学"，简称"劳大"。在香山的 181 天里，党中央领导人和中央直属机关的工作人员夜以继日，进入了紧张繁忙的工作阶段。

和平谈判

三大战役的胜利，使国民党精锐部队丧失殆尽，伴随着国民党军事上的惨败，其政治、经济也陷入全面危机。在经济方面，国民党统治区恶性通货膨胀，物价连续倍涨，民族工商业纷纷倒闭，农村经济日益艰难，人民苦难深重，民不聊生。为了早日结束战争，使人民免受战争之苦，在军事力量处于压倒优势的情况下，人民解放战争的胜利已成定局。中共中央提出以 8 项条件为基础与南京政府进行和平谈判。

3月26日也就是进驻北平的第二天，中共中央便电告国民党南京政府：中共中央决定同国民党和淡，定于4月1日在北平举行。4月1日，南京政府派出由张治中（首席代表）、邵力子、刘斐、章士钊、黄绍竑、李蒸组成的和谈代表团到达北平。中共方面首席代表为周恩来，代表是：林伯渠、叶剑英、林彪、李维汉，后来又加派聂荣臻为代表。谈判前夕，张治中曾去溪口拜见已经下野的蒋介石。对此，中国共产党是有警惕的。

为了充分交换意见，4月2日至12日，双方代表先进行了个别商谈。为了争取国民党和谈代表们与我方达成一致意见，促使国共和谈成功，最大限度地避免渡江战斗，使人民免受战争之苦，毛泽东接见了国民党和谈代表，听取了代表们介绍国民党李宗仁、白崇禧对和谈的态度。

4月8日上午，毛泽东、周恩来在北平香山接见张治中，就谈判有关事宜长谈了4个小时。毛泽东谈到，为了减少南京代表团的困难，可以不在和平条款中提出战犯的名字，对南京代表团的处境和困难，也表示谅解。并说，和谈方案先由中共方面草拟，拿出方案后，正式谈判就容易了。将来签字，如李宗仁、何应钦、于右仼、居正、童冠贤等都来参加则更好。毛泽东还邀请张治中吃午饭，张治中得知毛泽东、周恩来昨宵一夜未眠，便辞谢而归。

4月9日，毛泽东又同南京代表团的邵力子、章士钊交谈。

4月10日，同黄绍竑、刘斐交谈。毛泽东在询问了黄、刘到北平的生活情况之后，对刘斐说："刘先生，你是湖南人吧？"刘斐说："我是醴陵人，与主席邻县，是老乡。"毛泽东很高兴地说："啊，老乡见老乡，两眼泪汪汪哩！"刘斐说："蒋介石打不下去，让李宗仁出来求和。人民需要休养生息，和平是大势所趋。"

毛泽东说："人民的要求，我们最了解。我们共产党是主张和平的，否则也不会请你们来。我们是不愿意打仗的，发动内战的是以蒋介石为头子的国民党反动派嘛，只要李宗仁诚心和谈，我们是欢迎的。"接着又说："李宗仁现在是六亲无靠哩！"并扳着指头对刘斐、黄绍竑说："第一，蒋介石靠不住；第二，美国帝国主义靠不住；第三，蒋介石那些被打得残破不全的军队靠不住；第四，桂系军队虽然还没有残破，但那点子力量也靠不住；第五，现在南京一些人士支持他是为了和谈，他不搞和谈，这些人士也靠不住；第六，他不诚心和谈，共产党也靠不住，也要跟他奉陪到底哩！"他踱了几步后说："我看六亲中最靠得住的还是共产党。只要你们真正和谈，我们共产党是说话算数的，是守信用的。"

毛泽东留下黄、刘二人一起吃饭。当谈到各人的爱好时，刘斐趁机将他心里还有疑虑的一个问题试探地向毛泽东问出："您会打麻将吗？"毛泽东回答说："晓得些，晓得些。"刘斐接着问："您爱打清一色呢，还是喜欢打平和？"毛泽东大笑，机敏地回答：“平和，平和，只要和了就行。”幽默的语言解除了刘斐对自己今后前途的担忧，同时也表明了我们实行的是共产党领导下的多党合作制。

4月13日，在中南海勤政殿举行了双方代表第一次正式会谈，宣布自今日起结束非正式谈判阶段，进入正式谈判阶段，其时间为13日至17日。会后周恩来又向各民主党派负责人通报和谈情况，并征求他们对《国内和平协定草案》的意见。

4月15日，国共和谈代表举行第二次正式会议，中共代表团将经毛泽东审批修改的《国内和平协定最后修正案》提交南京政府代表团。周恩来在会上指出：“中共代表团尽可能地吸收和采纳了南京政府代表团的许多意见，包括关于某些重大问题的意见，我们限定国民党南京政府在20日以前答复。如不接受，则20日我们一定要打过长江去。”南京政府和谈代表团表示接受这一修正案，并决定派黄绍竑、屈武于16日携带文件飞赴南京请示。4月20日李宗仁、何应钦回电拒绝在《国内和平协定最后修正案》上签字，国共和谈宣布破裂。

对于受蒋介石操纵的南京政府的反动本质，中共中央早已认清，和平谈判破裂的结果中共中央也早已充分预计到，基于正确的判断，在国共和谈的同时，我军早已做好战斗渡江与和平渡江两手准备。

4月10—18日毛泽东及中央军委在双清别墅曾五次致电渡

江战役总前委，指示部队要牢牢把握战役的主动权，做好和平渡江和战斗渡江两手准备，并将立脚点放在用战斗方法渡江上面。

指挥渡江战役　向全国进军

4 月 20 日南京政府拒绝签字后，当晚我人民解放军第二野战军、第三野战军和四野战区一部的炮兵、工兵、步兵共百万大军分乘 1 万多只木船，在邓小平、刘伯承、陈毅、粟裕等指挥下，在西起九江、东至江阴的一千多里的战线上，乘风破浪，兵分三路强渡长江，顷刻之间摧毁了国民党苦心经营三个半月之久、号称固若金汤的长江防线。

在人民解放军渡江时，停泊在镇江附近江面的 4 艘英国军舰公然炮击长江北岸的人民解放军渡江部队。为此，人民解放军总部发表声明，严正申斥了帝国主义的这一侵略行径，并要求英、美、法等国在中国的一切武装力量迅速撤离中国的领土、领海、领空，绝对不允许外国政府来侵犯，声明中还要求英方道歉并赔偿损失。毛泽东亲笔批示“坚决还击”，人民解放军当即以炮火猛烈还击，击伤其旗舰紫石英号，后 4 艘军舰相继逃往上海。

北平上空时有敌机盘旋。为了确保毛泽东的安全，早在 3 月 15 日，党中央进驻香山的前 10 天，解放军四野二团三营就在双清院内南侧修建了防空洞，洞内放置桌椅，万一敌机轰炸，便可在此办公。同时在来青轩北侧为朱德、刘少奇、周恩来和任弼时修建了防空洞。

4 月 21 日毛泽东、朱德在香山向人民解放军发布《向全国进军的命令》，命令中国人民解放军“奋勇前进，坚决、彻底、干净、全部地歼灭中国境内一切敢于抵抗的国民党反动军队，解放全国人民，保卫中国领土主权的独立与完整”。

4 月 23 日，人民解放军占领南京，宣布国民党 22 年反动统治灭亡。清晨时分，摄影师徐肖冰想拍点资料片，来到双清别墅。春天香山的空气格外新鲜，院内的池水清澈，水中的红鱼儿欢快地游弋着，苍松翠柏，千年银杏，料峭枝头的嫩叶随风舞动，景色分外宜人。

毛主席在指挥渡江战役期间，经常夜间工作，上午睡觉，但睡觉之前有散步的习惯。这时徐肖冰看见主席正在院子里面散步，恰巧秘书走过来递给主席一份《进步日报》说道：“主席，解放南京的捷报印出来了。”毛主席接过报纸，就坐到六角红亭内高兴地看了起来。

凭借着多年的职业敏感性，徐肖冰马上意识到这是一个绝佳的画面，可惜当时没带摄影机，跑回去取，又恐错失良机，只好打开照相机，悄悄地走过去，边靠近，边选择角度，拍了几张，都不理想。就在这时，看到毛主席边看报纸，脸上边露出胜利的笑容，左手拿着报纸，右手扶着膝部，恰巧报纸被晨风吹动一角，“南京解放”四个大字豁然映入相机的取景框内，徐肖冰动作异常迅速，“咔嚓”一声，按响了快门，凝固了瞬间。这张照片弥足珍贵，意义非凡，永载史册，见证了曾经历史的记忆。

渡江战役，决战千里。毛泽东看完报纸，没有继续在院子里散步，也没有和任何人交谈，径直回到屋里，在办公室里，又把报纸看了一遍，边看边在报纸上画了一些杠杠和圈圈。看完报纸，他就给刘伯承、邓小平写了封贺电。他对着桌上的信纸，不假思索地挥毫写下一首《七律·人民解放军占领南京》，这首七律大气磅礴，豪气冲天，成为千古绝唱，是中国革命胜利的凯歌。

钟山风雨起苍黄，百万雄师过大江。
虎踞龙盘今胜昔，天翻地覆慨而慷。
宜将剩勇追穷寇，不可沽名学霸王。
天若有情天亦老，人间正道是沧桑。

毛泽东借用了唐代李贺《金铜仙人辞汉歌》“衰兰送客咸阳道，天若有情天亦老”。传说汉武帝时制作的金铜仙人像，在三国时期被魏明帝由长安迁往洛阳，铜人悲痛落泪。天若有情，国家兴亡，国民党反动统治的黑暗残酷，势必会衰老灭亡的。人间正道取自《礼记·中庸》“中者天下之正道，庸者天下之正理”，沧海桑田，历史巨变。

毛主席与他的战友们在香山运筹帷幄，日理万机，在那紧张的日日夜夜里，主席睡觉很少，不辞辛苦地指挥渡江战役。

与渡江前线的喧嚣炮火形成鲜明对比的是香山双清院内的宁静，毛泽东不时来到客厅审视挂在墙上的1949年2月解放军总部绘制的《中国解放区现势图》，对着图中不断扩大的深红色解放区，心中充满着对新中国的无限憧憬。

毛主席在办公桌前奋笔疾书,起草批复了大量前线电报电文，先后起草179封电报，撰写了21篇重要文章、社论、新闻稿，时常忘记身后八仙桌上工作人员送来的饭菜。写累了，就到院子里散散步，深吸几口香山清新的空气，坐在六角红亭内的木质座椅上，抽烟提提神。无时无刻不在思索着战争的进程和新中国的未来。据毛泽东当年的卫士李家骥回忆说："毛主席在香山期间工作很忙，那时天气比现在冷，屋内供暖条件很差，加上主席长时间办公，腿和手都是凉的，眼睛里布满血丝。作为卫士，我看到这种情形，心里很难过，就劝主席休息，睡会儿觉再工作，可主席却说：'不行啊，今天该办的事不办，明天还是我办啊。电报晚发一分钟，我们前线的战士就不知道有多少要牺牲；晚一分钟，我们白区的老百姓就不知要遭多少罪。'主席一心想着人民，唯独不想自己。"

4月25日,毛泽东在香山起草并发布《中国人民解放军布告》,

提出了人民解放军愿与全国人民共同遵守的约法八章。

当人民解放军南渡长江时，国民党的总兵力还有 204 万人，控制全国人口的 58%，城市的 63%，土地面积的 73%。上海、青岛等地还驻有美、英等国的军舰和海军陆战队。但国民党军队的精锐主力已被歼灭，剩余的军队中只有白崇禧部和西北的马步芳、马鸿逵部还有较强的战斗力，胡宗南部正由西北向西南撤退。由于人心已去，士气涣散，已难以组织起坚强有力的抵抗。国民党军队和地方实力派中，不少人不愿再打内战，正在酝酿起义，对人民解放军进军全国的形势十分有利。

为了实现解放全中国的任务，毛泽东经过同中央军委其他领导人和前线指挥员磋商决定，以第一野战军（包括解放太原后的第十八、第十九两兵团）向西北进军；第二野战军、第三野战军担负渡江解放南京、沪、杭、苏南、皖南、赣东、浙、闽全省；第四野战军先以一个兵团牵制武汉白崇禧集团，保障第二野战军、第三野战军的渡江，尔后在 6、7 两月执行江汉战役，并完成渡江准备工作，8 月渡江。

随着进军形势的胜利发展，特别是上海即将解放，5 月 23 日，毛泽东对进军部署作了新的调整。他在电报中指出："二野目前任务是准备协助三野对付可能的美国军事干涉，此项准备是必需的，有此准备即可制止美国的干涉野心，使美国有所畏惧，而不敢出兵干涉。但在上海、宁波、福建等处被我占领，并最好由

▲ 渡江战役

三野以一部兵力协助山东攻占青岛（假如上海占领后，青岛敌军尚未撤退）以后，美国出兵干涉的可能性就很小了，那时二野就可以西进了。”

根据时局形势的变化，毛泽东在这个电报中分别规定了各野战军下一步的进军目标：第三野战军应当迅速准备提早入闽。第二野战军应准备在两个月以后，“以主力或全军向西进军，经营川、黔、康”。第四野战军现有两个军渡江，还有六个军约在6月上、中旬渡江，“11月或12月可能占领两广”。并提出：在占领广西之后，四野“应以一部经百色入云南”。第一野战军“年底以前可能占领兰州、宁夏、青海，年底或年初准备分兵两路：一路由彭德怀率领位于西北，并于明春开始经营新疆；另一路由贺龙率领经营川北，以便与二野协作解决贵州、四川、西康三省”。10月间，他又决定把云南归第二野战军经营。

对解放台湾的问题，毛泽东也在考虑中。7月10日，他写信给周恩来，根据朱德的建议，提出可考虑选派三四百人去苏联学习空军。同时购买飞机一百架左右，连同现有的空军组成一个攻击部队，掩护渡海，准备明年夏季夺取台湾。

渡江战役的胜利是人民群众用小船桨摇出来的，有了广大人民群众的无私支持与帮助，人民解放军势如破竹、乘胜追击，横扫华东、挺进中南、进军西南、挥戈西北，追歼残敌，解放全中国。从1949年4月23日至12月27日，先后解放了南京、杭州、武汉、西安、南昌、上海、青岛、长沙、福州、兰州、西宁、归绥（呼和浩特）、银川、迪化（乌鲁木齐）、广州、厦门、贵阳、桂林、重庆、昆明、雅安、成都。

向全国的大进军，规模之大，地域之辽阔，发展之迅速，指挥之高明，战果之辉煌，在中国战争史上前所未有，这是人民的胜利，历史的壮举，而这场伟大战争的指挥中心就是在双清别墅。

政治协商　共商国是

中共中央进驻香山后，一边继续指挥人民解放军乘胜进军，横扫国民党残敌，解放全中国；一边抓紧时间筹建新中国，如何建立新政权迫在眉睫，如何建设新中国刻不容缓。

早在解放战争由战略防御转入战略进攻阶段时期，中共中央就于1948年4月30日发布纪念五一节的口号，号召“各民主党派、各人民团体、各社会贤达迅速召开政治协商会议，讨论并实现召集人民代表大会，成立民主联合政府”。“五一”号召得到了各民主党派、各人民团体和广大人民群众的热烈拥护。1949年1月31日，北平和平解放，全国各民主党派、各人民团体、无党派民主人士及海外华侨代表陆续齐聚北平，为召开新的政治协商会议做好准备。

中国共产党的七届二中全会上，毛泽东曾明确指出：“召集政治协商会议和成立民主联合政府的一切条件，均已成熟……我们希望4月或5月占领南京，然后在北平召集政治协商会议，成立联合政府，并定都北平。”

用毛泽东的话来说，即将成立的中央政府是一个有各党派、社会知名人士参加的民主联合政府。中国的民主党派，虽然力量都不算大，人数也不多，但他们在知识界和海外侨胞中有一定的影响，在政治上代表了民族资产阶级和上层小资产阶级。他们同共产党合作多年，为中国革命做出了贡献。在即将夺取全国胜利的今天，中国共产党准备继续团结他们，共同建设新中国。

5月的香山双清别墅，树木葱茏，喜鹊频鸣，贵客盈门，毛泽东邀请各民主党派领导人和民主人士，共商建国大计。这些民主党派领导人和民主人士，许多是早年就追随孙中山先生投身革命的。在经过曲折痛苦的摸索之后，他们逐渐认识到，旧民主主义的道路在中国是行不通的，只有中国共产党领导的新民主主义革命，才是正确的道路。所以，他们拥护共产党的领导，走上了新民主主义的道路。

毛泽东对他们十分尊重。他常常叮嘱身边的工作人员：“客人来以前，你们一定要把车子开到下边去。要有人在下边等候。不要因为没有汽车，让人家走上来，这样太费力了。因为他们的岁数都大了，行动不方便，要照顾好他们，要热情，要讲礼貌。

你们接客人的时候，先通知大门口，不要在大门口挡住客人。客人来了，要及时告诉我。”

每次客人来了，毛泽东总是走出房间，到院子里迎接，有时还走到大门口去迎接。对于像张澜、李济深、沈钧儒、陈叔通、何香凝、马叙伦等年迈的老人，毛泽东都亲自走到汽车跟前，搀扶着他们下车、上台阶，丝毫没有骄矜之感。对此，后来被中共成功解救的张治中曾经万分感慨地说：“跟毛主席在一起，你就会懂得国民党的失败是应该的，共产党的成功并非偶然。”

在香山的这段时间里，毛泽东每天下午至少要会见一两次客人。有时谈话时间长了，毛泽东还留他们共进晚餐，吃湖南家乡的红烧肉、苦瓜炒鸡、马齿苋、二米饭和萝卜汤。

中国民主同盟中央主席张澜，早年参加了四川保路运动，后担任过国会议员、四川省省长、成都大学及成都师大校长。抗日战争时期，任国民参政会参政员，参与发起中国民主同盟，被推选为主席。他主张坚持抗战，反对投降，成为中国共产党领导的爱国民主运动的参加者和支持者，在民主人士中享有很高的威望。1949 年，毛泽东去重庆谈判时，张澜前往机场迎接，这是他们第一次见面。在重庆，毛泽东多次与张澜晤谈，共同为争取和平而斗争，毛泽东称赞张澜“老成谋国”。两人一别数载，此次，毛泽东在香山谋划建国大事，当然忘不了这位“老成谋国”之士，便电邀张澜北上。张澜接电后，即从上海乘车到北平，下榻北京饭店。

张澜刚刚从上海脱险来到北平后的第一天，毛泽东便专程进城拜访，后又安排其住进颐和园。为了表示尊重，毛泽东觉得应该穿件像样的衣服，便对卫士长李银桥说："张澜先生为中国人民的解放事业作了不少贡献，在民主人士中享有很高的威望。我们要尊重老先生，你帮我找件好些的衣服换。"但李银桥在毛泽东仅有的几件衣服中选了又选，挑了又挑，竟选不出一件没有补丁的衣服，便为难地对毛泽东说："主席，咱们真是穷秀才进京赶考，一件好衣服也没有。"

毛泽东笑着说："历来纨绔子弟考不出好成绩，安贫者能成事，嚼着菜根百事可做，我们会考出好成绩。"

李银桥建议毛泽东是不是先借一件穿，毛泽东摆摆手说："不要借了，有补丁不要紧，整齐干净就行。张老先生是贤达之士，不会怪我们的。"于是，毛泽东不无歉意地穿着带补丁的衣服去看望张澜。

张澜对毛泽东的来访特别感动，坚持要到香山回拜。这时，张澜已是77岁高龄，行动不便。毛泽东特别嘱咐身边的工作人员，要好好照顾他，还让司机开车爬坡时要慢一些，稳一些。

在司机去接张澜的时候，毛泽东就站在双清别墅的门口等候。张澜先生在门口一下车，毛泽东马上就伸出手去搀扶他。张澜身材高大，留着很长的胡子，走起路来脚步有些沉重，但精神很好。

他边走边高兴地说："盼望多年的胜利终于来到了。毛主席这么健康，这真是全国人民的幸福啊！"

毛泽东对张澜说："您也要多保重身体，咱们要共同合作努力建设伟大的新中国。"

在亲切、和谐的气氛中，毛泽东和张澜就新中国的内政、外交交谈了很长时间。在这次谈话中，张澜代表民盟，收回了1948年10月致中共的建议书，表示民盟坚决拥护中共的领导。毛泽东也表示，在新政府中，民主党派将占有一定地位，是联合执政。并请朋友们放心，"一边倒"的外交方针，不会使中国丧失独立，我们不会允许外人来操纵中国的命运。

民盟中常委、救国会主席沈钧儒也是双清别墅的座上宾。当时他已年过古稀，身材瘦小，头发花白，留着长长的胡须。但他耳不聋，眼不花，身板硬朗，头脑敏捷。沈钧儒是当时国内著名的法律学家，一贯反对蒋介石的独裁统治，是著名的"七君子"之一。

毛泽东对沈钧儒说："沈老先生，我们要向您这个法律专家请教。咱们打败了蒋介石，要建立人民共和国政府，要建立人民的法律，还要请沈老先生多出力呀。"

沈钧儒说："蒋介石政府践踏法律，草菅人命，实行独裁的反动统治，人民活不下去了，必须起来反对他，这是蒋介石失败的主要原因。中国人民在毛主席和共产党的领导下，取得了伟大胜利，要建立人民的政府，也要建立人民的法律。我年纪大了，但是我很高兴，我一定要在毛主席和共产党的领导下，做一点力所能及的工作。”

这次，他们谈了很长时间，沈钧儒先生吃了晚饭后才离开双清别墅。后来，沈钧儒担任了新中国第一任最高人民法院院长。

迎接新民主主义革命的胜利，还缺一位重要的人士，那是谁呢？就是孙中山的夫人宋庆龄先生。建立新中国的日子一天天临近，宋庆龄仍然没有动身北上，毛泽东与周恩来非常着急。

6月15日至19日，新政治协商筹备会议第一次全体会议在北平举行。会议期间，毛泽东和周恩来商定，派邓颖超专程去上海迎请宋庆龄北上，共商建国大计。毛泽东欣然挥毫，奋笔疾书：

庆龄先生：

重庆违教，忽近四年。仰望之诚，与日俱积。兹者全国革命胜利在即，建设大计，亟待商筹，特派邓颖超同志趋前致候，专诚欢迎先生北上。敬希命驾莅平，以便就近请教，至祈勿却为盼！专此。

敬颂

大安！

毛泽东既简约明晰地表达了邀请宋庆龄赴北京共商大计之

意，又以最高的规格表达了对宋庆龄的敬重和仰望。

时任中共中央候补委员、中华全国妇女联合会副主席的邓颖超，带着毛泽东的亲笔信即将出发时，周恩来沉吟一番，也给宋庆龄写了一封信，交夫人邓颖超一并捎上。信写道：

庆龄先生：

沪滨告别，瞬近三年，每当蒋贼肆虐之际，辄以先生安全为念。今幸解放迅速，先生从此永脱险境，诚人民之大喜，私心亦为之大慰。现全国胜利在即，新中国建设有待于先生指教者正多，敢藉颖超专诚迎迓之便，谨陈渴望先生北上之情。敬希早日命驾，实为至幸。

耑上。敬颂

大安！

6月28日，邓颖超带着这两封分量极重的亲笔信，以中共中央代表的身份离开北平，和许广平、罗叔章一起南下上海，陪同她前往上海的还有廖梦醒。廖梦醒说明来意，宋庆龄听后非常伤感地说："北平是我最伤心之地，我怕到那里去。"

当邓颖超带着两封亲笔信面呈宋庆龄，真挚地表达诚意时，宋庆龄见信后，非常感动，欣然同意参加中国人民政治协商会议。

随后，8 月 28 日，宋庆龄在邓颖超的陪同下，乘专列抵达北平。毛泽东、朱德、周恩来、林伯渠、董必武等中共领导人及民主人士李济深等到车站迎接，欢迎宋庆龄到北平，共商建国大计。宋庆龄在第一届政协全体会议上当选为中央人民政府副主席。从此，在新中国成立后的数十年里，她一如既往地为中国的社会主义革命和建设事业作出了卓越的贡献。

在香山双清别墅，毛泽东还会见了李济深、柳亚子、司徒美堂、陈嘉庚、黄炎培、陈叔通、何香凝、马叙伦等许多民主人士和老朋友，常常彻夜交谈。夜深人静时，这里仍然灯火通明，宾主畅所欲言地讨论着国家大事，并不时地传来爽朗的笑声。

在北平召开各界人民团体代表大会，恢复和建立全国性服务性群众团体组织，这是建立了全国人民政权的重要组成部分。4 月 4 日，毛泽东、朱德、刘少奇在香山接见参加中华妇女第一次全国代表大会代表。5 月 12 日，毛泽东、朱德在香山接见了中华全国青年第一次代表大会的全体代表。5 月 17 日，毛泽东、朱德在香山接见了华北职工代表大会代表。7 月 6 日晚，毛泽东出席中华全国文艺艺术工作者代表大会。再次，在已解放的地区召开各界人民代表会议，这是民主建政的主要形式，也是密切联系群众、新建人民政权性质的体现。

从 1949 年 7 月至 9 月 23 日，在不到两个月的时间内，中共中央连续发出了七份电报，指示各中央局、中央分局、各地党委迅速召开各级代表大会。已经解放的地区各界代表会议的召开，加强了地方民主政权的建设，为全国新政协的召开，成立中央人民政府打下牢固的群众基础。

6月15日，毛泽东在新政协筹备会第一次全体会议上讲话，指出："这个筹备会的任务，就是完成各项必要的准备工作，迅速召开新的政治协商会议，成立民主联合政府，以便领导全国人民、以最快的速度肃清国民党反动派的残余力量，统一全中国，有系统、有步骤地在全国范围内进行政治的、经济的、文化的和国防的建设。"新政协筹备会第一次全体会议结束之后，筹备会常务委员会相继召开了8次会议，讨论关于召开新政协会议的组织筹备工作。

8月14日，中共中央政治局召开会议，会议决定：一、新政协定名为中国人民政治协商会议；二、国号定为中华人民共和国；三、9月10日正式开会。9月19日，周恩来作关于筹备工作报告，宣布新政协会议筹备工作已经胜利完成，正式大会即将召开。

1949年9月21日，中国人民政治协商会议第一届全体会议，在中南海怀仁堂隆重开幕。出席开幕式的有党派代表、区域代表、军队代表、团体代表等45个单位，其中正式代表510人，候补代表77人，还有特别邀请人士75人，共计46个单位，662人。会议推选出毛泽东等89人组成主席团。大会宣布开幕后，军乐队齐奏中国人民解放军进行曲，同时在场外鸣放礼炮54响。中国共产党中央委员会主席毛泽东致开幕词，他庄严地宣告："诸位代表先生们，我们有一个共同的感觉，这就是我们的工作将写在人类的历史上，它将表明：占人类总数四分之一的中国人从此站立起来了。"毛泽东的宣告说出了中国人民此时此刻共同的心声！为了实现这个目标，中国人民进行了一百多年可歌可泣的斗争。

9月27日、29日，人民政协全体会议先后通过了《中华人民共和国中央人民政府组织法》《中国人民政治协商会议共同纲领》和《关于选举中国人民政协全国委员会和中央人民政府委员会的规定》，确定了中华人民共和国国都、纪年、国歌、国旗的四个议案。9月30日举行最后一次会议，大会推举毛泽东为中央人民政府主席，朱德、刘少奇、宋庆龄、李济深、张澜、高岗为副主席，周恩来、陈毅等56人为委员，组成中央人民政府委员会。会议决定，在天安门广场建立人民英雄纪念碑，以纪念在人民解放战争中以及从1840年以来在反对内外敌人的斗争中，为中华民族和中国人民的解放事业而英勇献身的革命先烈。会议结束后，毛泽东率领全体政协代表在天安门广场举行人民英雄纪念碑的奠基典礼。

10月1日，北京30万军民齐集天安门广场，举行庆祝中华人民共和国中央人民政府成立典礼。下午2时55分，毛泽东、朱德、刘少奇、周恩来等中央首长缓步登上天安门城楼。为了登上这100级台阶，中国共产党经历了漫漫28年前赴后继的浴血奋斗。为了登上这100级台阶，中华民族进行了一个多世纪争取民族独立和人民自由幸福的英勇斗争。

下午3时，林伯渠宣布开国大典开始。毛泽东走到城楼正中，亲自按下升旗电钮，新中国第一面五星红旗冉冉升起，在升旗的2分半钟内，108门礼炮鸣响了28次，象征着对中国共产党28年党史的礼赞。之后，毛泽东宣读中央人民政府公告，他庄严宣告："中华人民共和国中央人民政府已于本日成立了，本政府为代表中华人民共和国全国人民的唯一合法政府。"

在开国大典上，朱德作为中国人民解放军总司令，由华北军区司令员兼京津卫戍区司令员、阅兵总指挥聂荣臻陪同，检阅了人民解放军各部队，之后重登天安门城楼，宣读《中国人民解放军总部命令》。他洪亮的声音在整个天安门广场上空回荡着："我命令中国人民解放军全体指战员、工作员，坚决执行中央人民政府和伟大领袖毛主席的一切命令，迅速肃清国民党反动军队的残余，解放一切尚未解放的国土，同时肃清土匪和其他一切反革命匪徒，镇压他们的一切反抗和捣乱行为。"

下午4时，分列式开始了，受阅部队经主席台由东向西进行。检阅式和分列式历经2个多小时，这2个多小时，浓缩了人民解放军以往的漫长战斗历程，预示了未来的征途。晚间，北京市民举行盛大的提灯游行活动，庆祝新中国的诞生，中央人民政府的成立。

从此，中国历史将开始新的纪元！1949 年 10 月 1 日，中华人民共和国中央人民政府的成立，标志着中国的反帝反封建反官僚资本主义的新民主主义革命已经取得彻底胜利，从而结束了半封建半殖民地社会，在中国共产党的带领下，中国历史开辟了一个新的时代，这是人民当家做主的新纪元。

历史的丰碑

香山是中共中央和毛泽东迁驻北平最早的居住办公地，是中共中央和毛泽东在人民解放战争走向全国胜利过渡时期的指挥部，中共中央在香山的历史，是中国共产党领导下的人民解放战争走向全国胜利的历史，是筹备召开新政协、建立新中国的历史，在中共党史和中国革命史上占有重要地位。双清别墅是新民主主义革命的一个里程碑，她见证了中国共产党由革命党到执政党的伟大转变，见证了中国革命从胜利走向胜利的光荣历程。

毛泽东和他的战友们居住在香山的日子虽短暂，然而正是在这个时期里，领导全国人民炼砂成铁，炼铁成锤，砸碎了一个旧中国，创造了一个新中国，从此新中国巍然屹立在世界的东方。伟人们的身影渐渐远去，但他们的丰功伟绩将永载史册，他们“进京赶考”的精神将继续激励和鞭策我们恪尽职守、赤胆忠心、立党为公，共同面对“进京赶考”这个永恒的课题。

“雄关漫道真如铁，而今迈步从头越”，历史证明“赶考”精神得自民心，需要坚持不懈地主动自觉、主动当担、主动作为，保持精神不灭。毛泽东同志说：“进京赶考，决不当李自成。”70年过去了，我们取得了巨大进步，中华民族迎来了从站起来、富起来到强起来的伟大飞跃，我们面临的挑战和问题依然严峻复杂，应该说，党面临的“赶考”远未结束。光辉的岁月，红色的印记，已融化在血液之中，周恩来曾深情地说：“要记住这个地方。”

千载历史，智仁山水，相传成统。传递文脉，保护名园，盛世复兴。传承血脉，红色基因，代代永续。传播文化，锐意进取，开拓创新。新时代新担当新作为，建设见证和参与，谱写新时代文明实践中心的华美篇章。

第六章　容颜依旧谱华章

▲ 勤政殿

千载历史

西北郊的三山五园作为清代故宫紫禁城之外的第二个政治中心，承担着园居理政、军事农事、节日庆典、宗教信仰和对外交往等诸多功能。连绵二十里的园林集群，恢宏秀美，是西山与北京城的完美过渡和有机结合，它们的营建是广大劳动人民智慧的集中体现，是凝聚数千年造园经验和造园艺术而形成的物质文化结晶和非物质文化的传承，是中华传统文化的高度浓缩与概括提炼，是归属全世界人类文明的重要文化遗产和精神财富。

香山静宜园位于皇家园林集群最西端，居高临下，俯瞰全局。同时香山处于北京西山山脉转折向东的枢纽部位，属京城西山文化带的核心地理位置。香山静宜园是东西向“三山五园”和南北向西山文化带的地缘交汇区域，兼具山岳风景的自然美和巧夺天工的园林美。尤其是在环境营造和造园艺术方面的核心价值，在世界园林领域里拥有至高无上的地位，并且越来越广泛地受到世人的关注和认可。

香山峰峦层叠、涧壑穿错、清泉甘洌的地貌形胜，又为小西山其他地区所不及。作为具有悠久发展历史和深厚文化底蕴的皇家园林代表，香山皇家御园的建设记载始建于盛唐时期，沿于辽金，明清加以扩建。金大定二十六年（1186 年），金世宗扩建香山永安寺，并修建行宫。明代先后扩建了香山寺、碧云寺，修建了玉华寺、洪光寺等。从康熙十六年（1677 年）在香山寺附近始建行宫，到 1745 年乾隆皇帝避喧听政，寄情林泉，在其祖父康熙行宫的基础之上，营造御园，于 1747 年赐名“静宜园”，再到乾隆四十五年（1780 年）修建昭庙，历时一个世纪多，香山在“三山五园”中得踞一山一园。香山历代皇家园林的营建无不体现“仁者乐山，智者乐水”的中国传统哲学思想。

香山也承载了国家和民族的苦难。1860 年、1900 年，香山两度被英法联军和八国联军焚毁，名胜古迹、奇珍异宝几乎荡然无存。1920 年香山慈幼院，是中国近代首家最具影响力的慈善机构，呵护名园，在静宜园大部分建筑基址上修建校舍和私人别墅，种植花木。1949 年中共中央进驻香山，决战千里、革故鼎新，奠基了新中国，留下了老一辈革命家的光辉足迹，香山见证了那段波澜壮阔的历史。1956 年香山作为人民公园对公众开放，经过几代香山建设者的不懈努力，园内湮没古迹多有重构，新建景观饶有意趣，山林红叶美不胜收，天工人巧交相辉映，天造地合，钟灵毓秀。远眺香山，淡婉如云，近赏香山，俯仰皆景。

静宜园在三山五园中地位重要，不但独占一山一园，与平地建园的圆明园、畅春园相比具有形势之胜，而且与同样占据一山一园的玉泉山静明园、万寿山清漪园比较也有着相地上的优势。香山山势雄伟，山形兼有雄浑、秀丽的特点，山景优美，而且与西山、寿安山形成连绵不尽之势，符合山水画所讲的“高远、深远、平远”之论。由于静宜园以山景胜，故而园中建筑多掩映于山间，正是明代计成在《园冶·相地》篇中对山林地的评价：“园地为山林地胜，有高有凹，有曲有深，有峻而悬，有平而坦，自成天然之趣，不烦人事之工。”玉泉山和万寿山则为孤山，山体无延绵之势。而且两山的自然山形也不够理想，必须依靠人工手段加以改善。万寿山山体矮小，故而利用挖湖的泥土加以增高；又在前后山建佛香阁、排云殿、四大部洲等大型建筑，以提高山的体量。玉泉山山脊线变化不够曲折，故而在南峰建亭、在两峰之间建院落，以改善山脊轮廓；又因南坡过陡，在半山建塔弥补山形。总之，建筑以“显”的形式参差于山上，即“山以人工为胜概”的例子，但毕竟有先天不足之嫌。香山水源丰富，有双清泉、玉乳泉、卓锡泉等处，即使与玉泉山相比也毫不逊色。

香山夏季气候凉爽，据监测比市区温度低2—3度，因此成为清代帝王避暑之所。乾隆对静宜园十分喜爱，据史料记载，乾隆从来不在清漪园过夜，但却在静宜园居住，并在香山留下诗文1480余首。静宜园内有勤政殿处理政事、有见心斋召见大臣，有宗镜大昭之庙供班禅居住，与班禅会晤，是民族团结、亲密无间的历史见证。静宜园见证了众多历史事件。

相传成统

作为盘踞“三山五园”一山一园的香山静宜园，可以说在西山皇家园林群中独具一格。它拥有1500年的人文历史，830年的皇家御园史，其园林史与北京城市史的建设发展基本同步，见证着北京城市发展的更替迭兴，是中国近千年历史进程的缩影。这里曾留下11位帝王的身影和两位世纪伟人的足迹，保存有辽、金、元、明、清、民国等文化遗产、遗存196处。石碑、石刻、石雕80余处，图录、诗文、档案资料蕴藏着丰富的历史信息，大量园林遗存、自然景观、帝王史迹、革命家事迹、诗文词赋、档案文献等众多史料，是当时文明成就的淋漓展现。可以说，香山的历史是留给北京乃至中国的文化宝库和精神家园。

罗素曾说：“中华文明是唯一从古代保留至今的文明。”香山在漫长的历史长河中，在长期的营建实践中创造、培育和形成的优秀文明成果的总和，从不同的历史阶段看是由中华优秀传统文化、红色革命文化和新时代中国特色社会主义文化三大部分组成，这三个部分构成了博大精深的完整体系，其本质是敬天法祖、天人合一、知行合一、以德为先、依道而行、悟道证道的过程，是内圣外王、止于至善、为往圣继绝学、为万世开太平理念。

香山静宜园所体现的中华文明，其儒、释、道文化元素是皇家园林帝王御苑的精神内涵，积淀着中华民族最深厚的精神追求，代表着中华民族独特的精神标识，孕育了中华民族宝贵的精神品格，培育了中华民族崇高的价值追求，自强不息，厚德载物支撑着中华民族生生不息，薪火相传。

香山的红色革命文化。1961 年 7 月，周恩来总理在香山接见全国电影界人士，到了双清别墅，周总理问大家："你们知道这是什么地方吗？这里是毛主席发布渡江作战、解放全中国命令的地方。"他说，大家要记住这个地方，中国革命只有在毛主席的领导下，才走上了正确道路，从胜利走向胜利。周总理指示，一定要把双清别墅恢复起来。香山这块神奇的土地奠基了新中国，见证了老一辈革命家为了新中国殚精竭虑、夜以继日、立党为公的革命精神和革命情怀。

保护历史名园，是传承文脉的基石，是中华民族文化自信的基础。传承优秀文化，保护历史名园的文化遗产，对于推动"三山五园"国家级历史文化景区建设和"西山文化带"建设都具有极为深远的意义。香山静宜园的保护有利于香山文化遗产的保护，梳理文献资料，整治古迹遗址，改善文物保护环境，再现香山胜景；有利于中华民族优秀传统文化的传承，让广大游客在游园赏景的过程中，享受中国园林艺术、宗教文化、民族精神、哲学理论、传统审美等方面的熏陶，实现民族文化传统的持续传承；有利于香山生态环境的改善，通过科学严谨的规划，实现景区周边协同发展，从而改善香山区域的自然生态系统；有利于带动京西区域旅游文化经济的协同发展。

传承红色基因。中共中央北京香山革命旧址的建设，有利于“不忘初心，牢记使命”主题教育，缅怀老一辈无产阶级革命家，发挥理想信念和道德情操的引领作用；有利于提高民族自豪感，促进城市文明和文化的发展，不断增强人民的自豪感和自信心；有利于精神文明建设，引导人们树立正确的世界观、价值观、历史观、民族观、文化观，弘扬民族精神和时代精神。

总之，保护香山的历史文化遗产，是维系和传承人类文明的共同使命与责任，也是客观历史发展规律的真实写照。

盛世清音

清末1860年，英法联军入侵北京，从圆明园开始一路向西焚毁劫掠皇家园林，静宜园也惨遭洗劫焚毁，名胜古迹残存无几，原静宜园二十八景仅剩下知乐濠、听法松、蟾蜍峰三处得以保存。此后，清廷与列强的战争屡屡以失败赔款告终，加之国内太平天国等农民起义此起彼伏，清廷再无力复建被毁的皇家园林，只有清漪园被以为慈禧太后祝寿的名义重建为颐和园。圆明园计划重建，后因朝野反对而作罢。静宜园香山寺也曾有复建计划，而且派“样式雷”来测绘遗址，但终因国库虚弱而作罢。如同圆明园一样，静宜园也无力管理日渐荒废，周围居民入园劫掠。

清代灭亡后，民国成立，各路军阀、政要纷纷占园修建住所，对静宜园遗址有所破坏，卸任国务总理熊希龄与清宫管理委员会交涉，在静宜园部分遗址建慈幼院，致使二十八景遗址多被占用。

1949 年中华人民共和国成立后，百废待兴，北京市人民政府高度重视历史文化遗产的保护，五六十年代，就有关于复建西郊园林的计划，并留有档案记录。1956 年，香山静宜园作为人民公园正式对外开放以来，园内的风景名胜、文物古迹、古树名木都得到了科学有序的保护和恢复。随着国民经济的迅猛发展，文化事业也逐步走上兴盛之路，党和各级政府非常重视对古建的修缮，伴随着财政状况的改善，逐渐把历史名园的复建提上议事日程。从 20 世纪 80 年代开始，历经 30 余年的建设，对香山公园、颐和园和圆明园等复建园林景观近 40 处。新时代对园林的复建，不仅恢复其历史原貌，而且赋予其人民公园的职责，体现服务人民大众的特点，进一步促进文化发展和繁荣，继承和弘扬中华优秀传统文化的需求。

新中国成立后，香山静宜园得到保护。1956年，静宜园更名为香山公园对游人开放，成为人民公园。但是由于公园定位的原因和财力的限制，静宜园没有像颐和园、天坛、北海等皇家园林得以完整恢复，也没有像圆明园成为爱国主义教育基地，只作为一座郊野公园，园中只有部分重要景点得以恢复。

公园依据《国务院文物保护条例》《威尼斯宪章》《保护世界文化与自然遗产公约》及《中华人民共和国文物保护法》等相关公约及法规，本着整体性、原真性、传承性开展系列工作，开展静宜园二十八景修复的前期研究工作。

风貌的整体性。静宜园的布局和建筑结构塑造了香山的个性，它们凝聚着历史价值和情感价值，传达出一种融会着东方文明所有智慧结晶的可塑特征。它们是人类遗产的一部分，任何拥有它们的人都有责任有义务去尽其所能保护它们，保护这些珍贵的遗产，完好无损、世代流传。

信息的原真性。对香山文化遗产的所有形式与不同历史时期加以保护是遗产价值的根本，了解价值的能力部分取决于这些信息价值的来源是否真实可靠。对这些文化遗产的最初和后续特征有关的信息来源及其意义的认识与了解是全面评估真实性的必备基础。尊重真实性，就是保存不同文化的记忆，同时也体现了文明由过去到未来的延续，尊重香山文化的多样性来开展保护与修复。

文脉的传承性。香山文化遗产不仅是建筑园林，它还有一种独特的文明，一种有意义的发展或重大历史事件的见证地，随着时光的流逝获得的文化信息尤为重要。重大历史进程的意义，尤其那段红色的历史，是对过去的尊重及缅怀，更加体现对未来的关怀与憧憬，是留给我们的精神文化情感。首先对修复景点进行现状分析及复原考证，以清（十九世纪）“样式雷”家族的图档资料为依据，结合清张若澄、董邦达、沈焕等绘制的《静宜园二十八景图》诸多画作及《日下旧闻考》《帝京景物略》《冷然志》等相关历史文献记载，与北京现存同时期同类型建筑进行比较，初步确认了清乾隆时期的建筑规格形制。

对香山景区的历史遗址进行测绘，参考清工部《工程做法则例》、梁思成著《清式营造则例》等资料，推算出清乾隆时期建筑木构件的尺寸。利用测量数据，计算出古建筑木构件基本模数。同时绘制图纸，制作出建筑的 3D 模型。最后通过专家论证，修改完善设计图纸，申报立项，为香山静宜园二十八景修复奠定基础。

香山静宜园永安寺的彩画设计考证，通过现存的历史档案、历史老照片、历史图档及建筑内供奉的佛像等综合因素分析研究，并参照西郊皇家寺庙、京畿地区周边的山地寺庙、部分北京城内外皇家园林喇嘛寺庙及承德热河乾隆二十五年至四十五年修建的藏传佛教寺庙建筑彩画的情况，同时根据整组建筑的等级规制、

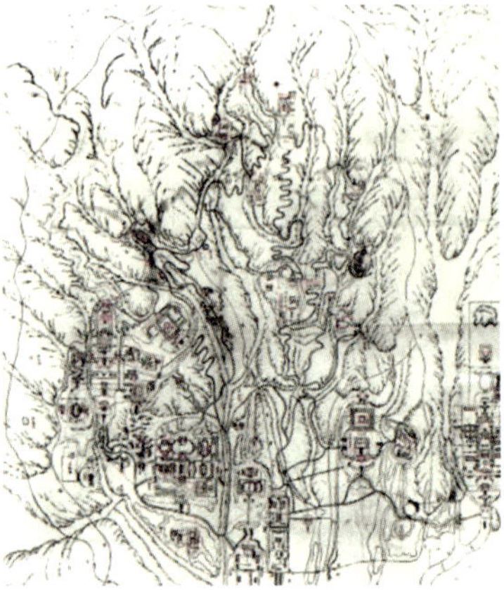

▲ 样式雷地盘图（局部）

▲ 静宜园平面全图

殿内供奉佛像等级情况，并参考相应的旁证，进行复原设计，采取传统工艺，选用具有传承手艺的工匠，在专家团队的耐心指导下精心施工。

科学研究

在 2012 年至 2014 年开展的香山寺遗址建筑清式样木作复原考证，针对香山寺各殿堂的基础廓清，确定台明和柱顶石，依据柱顶石的尺寸，按照清代营造则例，推算柱径、梁架尺寸，依据制式规格，初步判断屋顶形制，同时应用三维激光扫描后苑假山和遗址踏勘，还有最重要的就是参考历史文献资料、清代样式雷底盘图、清宫陈设档记载和历史存留的绘画作品。此外还考察同时期、同类型的寺庙建筑，综合所有因素，对香山寺各建筑进行前期复原性设计研究，对单体建筑如薝葡香林阁进行不同结构的比较性研究。

2012 年至 2014 年在静宜园（香山）宗镜大昭之庙陈设陈展装饰技术研究中，收集、整理昭庙陈设清册、档案文献等相关资料文件，开展昭庙琉璃装饰技术研究梳理琉璃历史沿革、考证清代琉璃制度、概况琉璃装饰艺术的传统审美特征，总结了昭庙遗存及出土琉璃构件情况，进行了同时期、同类型、不同地点的比较验对。鎏金铜瓦研究从鎏金历史沿革、现存调研、清静法智殿鱼鳞铜瓦贴金实践尝试，针对存在问题分析原因，提出建议性结论。昭庙陈设陈展需求分析研究从昭庙主体的优劣势分析，考察借鉴国内汉藏结合建筑陈设陈展现实情况，给予昭庙后期陈设陈展的建议及概念性设计方案。

2014 年至 2016 年开展的碧云寺历史文化价值挖掘与应用研究，收集文献 30 余万字、历史影像 336 幅、石刻拓片 50 幅、样式雷图 4 张、测量建筑 17 座，建立专项数据库，研究石雕、石刻及砖雕艺术，并制定保护措施。采用定性与定量分析相结合的方法对碧云寺文化艺术价值进行评估，开展水泉院复原专项研究，设计水泉院洗心亭和试泉悦性山房复原三维图，为碧云寺完整性格局修建奠定基础。对寺内 48 处露陈文物进行系统的普查调研。

对于复建后期的利用的问题，我们还开展了香山公园展陈体系规划研究，在调研基础上，明确展陈定位“将香山公园提升为融自然、历史、人文、景观为一体，具有浓郁山林特色的皇家园林，传承与传播香山多元文化特质的世界名山”。依据展陈定位和不断增长的文化需求及各方诉求，构建公园展陈体系，明确适合公园发展的展览、展示途径和手段，依托静宜园二十八景复建，采取室内还原展示、专题展览及临时展览，室外的历史景观、自然景观、文化展演和互动式体验展览相结合，以学术研究为支撑，发挥社会公众教育功能。梳理香山多元文化，展陈体系是树立香山文化品牌的重要途径，实现香山文化转型的创新手段，持续香山文化发展的核心驱动。展陈体系有三个主要方面，三条辅助途径、利用原则及具体方式。同时策划文化活动与参观游览路线，对公共服务设施、基础设施及管理运营模式提出合理化建议。

同时，还开展了香山公园古树规划，从香山公园古树资源的现状与景观要素入手，针对古树分布、生长态势、古建遗址和史料记载，梳理其存在问题，剖析古树景观资源保护与利用要素，构建古树名木生物属性、文化属性、场所属性的评价体系。为进一步指导实践工作，有别于“保护”为最终目的，提出在保护的前提和基础上，充分地发掘香山古树资源的历史文化内涵以及开发的适宜性因素，初步总结出预防保健、有机复壮、信息平台、生态旅游、公共参与等一系列动态保护及可持续发展策略。梳理古树资源的 4 级要素，依据现实情况和后续发展，科学合理构建公园古树评价体系。针对实践中存在问题，转变观念提出在发展中进行保护的理念，确定公园古树资源实现动态保护和可持续发展的路径。

香山红叶景观提升关键技术的示范和研究，调查黄栌风景林样地，提出黄栌风景林优化群落结构模式；建立黄栌风景林固定样地，建立群落动态变化长期监测技术体系；建立土壤健康经营技术试验样地，布置林分抚育经营技术试验样地，形成黄栌风景林抚育经营技术模式。在香山南山和山下景区建立示范区，对红叶林区营林技术整合、黄栌老树复壮与保育、黄栌林病虫害综合防治、黄栌叶色变化观测和调控、黄栌新品种及彩叶树种应用等技术示范。开展专项研究，红叶风景林营林技术研究，调查黄栌风景林群落结构特征，建立群落监测体系，黄栌病虫害综合防治技术研究及黄栌叶色调控方法研究。建设国内外黄栌种子资源圃和彩叶树种良种基地。

香山公园雨水及地表水收集利用技术示范，涉及雨水收集与公园景观水体水质提升研究与工程示范、山体泄洪沟雨水收集与回用技术研究与工程示范、雨水收集与公园生态景观建设研究与工程示范、山体雨水收集与水土保持技术研究与工程示范、雨水综合利用技术科普展示和效果评价。以香山公园为例，对雨洪管理与资源化利用规划 6 个方面，展示山体公园雨水收集形式 5 种，雨水储存形式 3 种，雨水回用形式 5 种，效果评价报告及科普宣传等。收集资料调研公园历史水系，梳理公园雨洪管理和资源化利用现状，结合相关案例综合分析问题，进行公园雨洪管理和资源化利用专项研究，形成公园雨洪管理和资源化规划策略。

香山的景观复建是以当年的香山静宜园时期为目标的，正如同文保与古建专家罗哲文先生认为，香山静宜园是“三山五园”中位置最高、建筑密度最低的皇家园林，通过运用小体量的建筑来点景，别具匠心。而如果不修复香山永安寺静宜园二十八景，很难领略到当时的造园手法和技术。

古建修复

早在 1971 年到 1998 年，北京市政府先后拨款 40 余万元修建了勤政殿遗址的台阶，恢复了月牙河栏板，调整了道路，复建了牌楼。香山二十八景的修复采取渐进式的方式，由单体向组团的过程，大致方可分为三个阶段：第一阶段是 20 世纪八九十年代，整治地形，归安山石，修复璎珞岩、翠微亭、隔云钟；第二个阶段 2000 年至 2003 年，以标志性的大型单体建筑和院落为主，修复玉华岫、勤政殿和香雾窟；第三阶段全面修复静宜园二十八景，从 2011 年至 2020 年，分了两期进行，以组团建筑群和代表性的建筑群为主，修复了玉乳泉、青未了、绚秋林、雨香馆、晞阳阿、致远斋、香山寺、芙蓉馆、森玉笏等，此外还修复了部分昭庙。同时依据“保护一座文物建筑，意味着要适当地保护一个环境。任何地方，凡传统的环境还存在，就必须保护”的原则，加大修复古建的周边环境保护。

璎珞岩毁于咸丰十年（1860 年）。1984 年香山公园管理处于原址修复清音、绿云深处两组建筑，是香山静宜园最早复建的园林景观。璎珞岩始建于明代，叠石技法高超，引双清泉水流下，泉水从岩穴中流出，漫流其间，注入池中，北侧有分水闸，导水虚朗斋（香山饭店），东侧明渠引水静翠湖。璎珞岩建筑群由清音亭、绿云深处、横云馆及叠石山泉组成。水流跌落如雨挥洒，泉岩相碰如雹飞溅，演奏出一曲美妙动听的水乐，淙淙水声，悦耳动听。岩泉山石间松柏参天，清幽宜人，池畔石壁不起眼处上刻有乾隆御制璎珞岩诗。岩下池旁建敞亭一座，乾隆皇帝匾书“清音”，可谓“明月松间照，清泉石上流”。岩上有殿三楹，康熙题额“绿筠深处”，南面通过曲廊与为三楹横云馆相连。《日下旧闻考》称这里“亭之胜以耳受，岩之胜以目谋，澡濯神明，斯为最矣”。

翠微亭位于璎珞岩东南不远处，始建于清代乾隆年间，因比邻沟壑山岩，绿荫茂盛，参天的古银杏和松柏树掩映其间，故有“翠微”之称。乾隆皇帝以“天然倪迂小景”点名此景，此景宛若元四家之一倪瓒笔下“两山夹一河”洁净孤傲的画意。翠微亭在1860年被毁，仅留下山涧边石壁上乾隆御制翠微亭石刻。民国时期香山慈幼院在此景周边种植了桑树，以供养蚕之用。1957年后根据“园林结合生产”方针，此地又种植了一些柿树。1991年公园在原址上复建了单檐八角攒尖顶带头拱、面积为47平方米、柱高为3.9米的翠微亭，御园的亭子硕大，失去了“会心不在远，容膝何须多”的雅致，亭内悬挂仿乾隆御笔的翠微亭诗文：“须弥与一芥，大小岂争差？亭子不嫌窄，翠微良复赊。入诗惟罨画，

▲ 修复后的璎珞岩

▲ 修复后的翠微亭

沐雨欲蒸霞。莫羡痴黄派，倪迂各擅家。丙寅乾隆御题”。同时在景区内种植山杏、榆叶梅、大叶铁线莲、甘菊等植物。

隔云钟位于昭庙琉璃塔西，芙蓉坪北山脊上，为静宜园二十八景之一，原为一四角攒尖方亭。1860 年被英法联军焚毁，仅存亭基。1994 年 8 月香山公园在原址上复建，钟声听不见，但却是赏景小歇的佳处。

山中平地为岫，建在香山中麓的玉华岫，早在明朝正统九年（1444 年）为玉华寺，乾隆时期曾在此辟小轩，借其地势高爽，俯览群岫，故题“玉华岫”，列为静宜园二十八景之一。咸丰十年（1860 年），玉华岫毁于劫火。民国期间作为天津市长、29 军总参议萧振瀛的私人别墅。经多年荒废后，在 21 世纪来临之际，玉华岫得以复建，2000 年 3 月 15 日开工，10 月 15 日竣工，修复了山门殿、天王殿、玉华岫、抱厦殿、邀月榭、溢芳轩、绮望亭及游廊等建筑，建筑面积 728 平方米。玉华岫精巧别致、视野开阔的园中之园，是登山小憩、品茗畅怀、深秋时节观赏南山红叶的绝佳之处。

2001 年 10 月，在北京市委、市政府，国家文物局、北京市文物局和海淀区文物局等部门的大力支持下，北京市园林局和香山公园管理处为进一步挖掘香山古典皇家园林的历史文化内涵，决定投资 1500 万元，修复勤政殿和香雾窟。12 月 25 日召开了专家论证会，罗哲文、杜仙洲、赵崇昌、王仲杰、耿刘同等专家出席了会议，对勤政殿复建工作进行了充分论证，并对进一步完善历史、专业技术（包括大木、油漆彩画）等提出了具体要求。

从 2002 年开始勤政殿复建工作，勤政殿建筑群由正殿和南北配殿组成，均为歇山式建筑屋面。歇山式屋面峻拔陡峭，四角轻盈翘起，既有庑殿建筑的恢宏气势，又有攒尖建筑的俏丽风格。勤政殿正殿屋顶隆起 9 条屋脊，1 条正脊、4 条垂脊、4 条戗脊，古代亦称九脊殿。正殿面阔 5 间，通面阔 28 米，进深 3 米，通进深 17 米，暗含着“九五之尊”君临天下。大殿由 24 根柱径 65 厘米的柱子和 100 件攒斗拱组成。1.36 米高台基正面出三道阶梯，阶梯前设置须弥座铜铸鼎式香炉 4 件，三道阶梯代表天、地、人，4 件香炉代表一年四季，亦代表“两分两至”时节，24 根柱子代表二十四节气，是君权神授，神权天授的正统和道统的诠释。

勤政殿正殿为单昂五踩斗拱，由檐柱和金柱之间的挑尖梁、双步梁及金柱之间的五架梁构成大木架，檐柱高 4.16 米。南北配殿为单昂三踩斗拱，由双步梁及三架梁构成，柱高 3.33 米。正殿内外檐为最高等级的“金龙和玺”彩画，窗棂亦为最高等级的“三交六椀菱花”，正中盘龙“勤政殿”汉满字体的金字斗匾，雍容大气，端庄华贵。

勤政殿的复建及殿内陈设的复原，典型地反映了静宜园皇家园林的恢宏壮美和中国古代园林的历史地位，勤政殿是中华人民共和国成立以来复建等级最高、单体建筑最大的一组被外国侵略

▲ 修复后的勤政殿

▲ 勤政殿雪景

者焚毁的宫殿建筑群，景区占地达 8000 平方米，复建好的勤政殿展示了博大精深的皇家园林文化，融自然、人文景观为一体的山地园林。

在施工工艺上，内檐油漆彩画架子搭设为创新之举，架子搭设技术充分利用柱顶石的承载能力，将架子立杆压缩四分之一后，合理分配在柱顶石上，同时减少戗杆间距和提高水平栏木距地高度。这一创新与发展即为油漆彩画、内墙抹灰及地面铺墁三方面同步施工创造了作业空间，还节省开支 12 万余元。

正殿的复原陈设由木器和珐琅器组成，中心陈设长 7.45 米，宽 6.4 米，高 4.02 米，总重量 4 吨的金漆镶嵌龙椅宝座，由雕龙贴金屏风、宝座、足踏、地平各 1 件，圆高香几 4 件，鸾翎宫扇 2 件及其他陈设组成。依据静宜园陈设档案记载，经专家论证，参照清康乾盛世皇家宫廷样式修复，参考故宫保和殿、乾清宫和颐和园仁寿殿相关陈设规制，采取传统木工榫卯工艺、木雕工艺、髹漆工艺和贴金工艺，木胎均用红松、白松，雕刻部分使用楸木。在完成各类木胎部件后，经多次合成组装，肩口糊布加固，涂刮腻子数道找平，经打磨后髹涂天然腰果壳制合大漆，髹漆后镶嵌玉珠，敷贴 24K 真金箔 3 万余张。其中木雕工艺运用镂雕、圆雕、深浅浮雕等多种技法，刀法娴熟、线条流畅、玲珑剔透、气韵浑厚，充分展现了雍容华贵、富丽堂皇的帝王之气，由“苏作”第五代传人工艺美术大师万紫主持制作。当年北京市艺术珍品评审委员会，17位专家评委对勤政殿金銮宝座的整体工艺进行鉴定评价，认为作品规模大、选料精、工艺高、设计新、投资少，作品与周围环境相协调，而不是简单的复制仿制。工艺上有所创新，技法上全面再现了康乾盛世，是对原宝座的真实复原，最终以17票全票通过评为优质工程。

勤政殿两侧的一对云龙大柜和14件藏书阁采用名贵的花梨木制作而成，通高3.9米，横宽1.93米，厚83厘米。正面两扇柜门雕刻云龙和行龙戏珠图案，刀法圆润，刻工精湛，藏书阁为楸木材质，分设大殿两侧。格上有镶边篮夹帘，原储存钦定《古今图书集成》1万卷，殿东西墙壁下设几案1对。屏风后放置五屏雕龙罗汉床一张。

殿内的大小10件掐丝珐琅景泰蓝陈设堪称时代珍品，依据陈设档案记载，为了更加贴近当时的历史风貌，技术人员多次到故宫博物院进行实地考察，拍摄高清照片，几经考证后绘制成图，反复推敲细节，由中国景泰蓝仿古第一人、工艺美术大师张向东亲自制作，可谓精益求精。尤其是景泰蓝香薰、三足香炉，大鼎炉与故宫的原品达到惊人的相似，堪称中国景泰蓝史上最高艺术水准的巅峰之作。

2003年8月21日，公园邀请了国家文物局古建专家组组长罗哲文、中国文物研究所古建工程师杜仙洲、故宫博物院万依、北京市园林局副总工耿刘同四位专家进行考察验收，专家们一致认为，复建香山勤政殿工程是文化建园的一项成功实践，这次成功复建可以说是香山公园发展史上的一次创举。这次复建的勤政殿，南北配殿及装修、陈设等，由于皆以遗址和清宫档案为依据，故复建得极为得体，做出如此优秀工程，实在难能可贵。特别是殿内陈设物品，诸如金漆透雕宝座、珐琅鼎炉角端、雕龙大柜、各种镀金饰件等制作堪为精良，宫廷文物所特有的典型性、艺术性、精致性都与故宫和颐和园等处现存的文物十分接近，从这里可以确切地见识到、感受到清康乾盛世的一些状态。这是香山公园大画卷中色彩浓重的一笔，也为今后持续挖掘、展示香山静宜园这座昔日皇家园林的历史文化内涵，为公园的持续深入发展开辟了一条正确通畅的道路。

香雾窟复建工程于2002年7月动工，历时一年有余经过立项、勘查、复建、布展等环节，于2003年8月6日竣工，正式对外开放，当时邀请25家媒体40多位记者进行采访报道。在香雾窟复建工程中除依据样式雷图档及陈设档案记载恢复主体建筑外，还保留遗址中的部分残迹，以纪念它曾遭受的劫难，警示后人，勿忘国耻，爱我中华。

复建后的香雾窟再现了清静宜园时期二十八景中“将谓最高处，更有无穷境”的景观圣境。绿荫掩映，清静优雅，草木芳香弥漫的天然“静室”。整个庭院布局巧妙合理，错落有致，建筑以垣坊、城关封闭为苑，内建游廊、殿宇、楼亭，精巧别致，风格独特。12栋建筑均施金线苏画，南北长36.06米，东西长54.66米，占地面积1573平方米，其中建筑面积706.44平方米。香雾窟主殿为“游目天表”殿，面阔七楹，外檐“游目天表”匾为嘉庆皇帝御笔，内额“香雾窟”及“静室”匾为乾隆皇帝钦题。殿内复原陈设宝座、屏风、鸾翔宫扇、琴桌、包厢床及书格等。此殿当时是乾隆、嘉庆、道光皇帝游山小憩之所，兼作为办公、接见臣工之用。殿西北侧有城关建筑，城上有面阔三间的镜烟楼，凭栏远眺，堪称山地园林之精品。香雾窟东面地势相对平坦空旷，四面四道牌楼围合空间，现代俗称“平台”，是游客登山中途必经之处。

玉乳泉。清朝乾隆时期，山腰处汩汩泉流，乃由人工开凿出三方石潭，引山泉流汇其中，不溢不竭。西侧巨石镌刻乾隆御笔“仙掌”“罗汉影”。1860年静宜园被英法联军焚毁，玉乳泉也未能幸免，仅存遗址和部分石刻，泉水依旧。香山公园于2011年复建玉乳泉景观，引水凿池，建有一轩亭，亭前有池，引泉水而入其中，顺坡而下，共有三池，暗涵明渠兼有，涓涓细流，泉鸣水泻。玉乳泉轩亭下有“致佳”方亭。2019年修整、归安西侧叠石，复建重檐四角攒尖的鹦集崖。

青未了位于香山静翠湖东，山脊之上，处于南山最东端的突出位置，视野非常开阔，既可远眺京城胜景，又能近瞻南山风光。此建筑建于乾隆十年（1745年），为五间四面环廊的歇山式殿阁，

▲ 香雾窟游目天表

▲ 虹梁 / 月镜牌楼

▲ 翠壑 / 丹梯牌楼

殿外檐悬有乾隆御书“青未了”匾额。在此极目远望，群峰苍翠，岱色无垠，颇有“会当凌绝顶，一览众山小”的感觉。1860 年青未了建筑被英法联军焚毁，基址保存完好，2014 年香山公园管理处修复，2015 年完成油漆彩画，采用清中期金线云秋木苏式彩画，内外梁柁檩枋等处均绘有花鸟鱼虫和人物故事的彩画，站在厅中远眺，遥望香炉峰，与香山寺对望，俯瞰下方可见绿色欲滴的静翠湖，向东可望见玉泉山、万寿山及京城。

绚秋林为静宜园二十八景之一，四面出轩、平面呈十字形的单檐十字歇山式方亭一座，亭西侧巨石林立，有乾隆镌题的“叠翠”“萝屏”“翠云堆”“留青”等石刻。这里树木种类繁多，深秋季节丹黄朱翠，颜色各异，朝阳初照及夕阳返映之下，景色分外绮丽。据传“静宜园二十八景”原本没有“绚秋林”，后来为观赏香山秋色而特设此景。乾隆皇帝有十余首御制诗提到香山红叶，有“稀微红叶余霜色”“绿叶看输红叶多”“淡绿深红迷目色”“面面晴峦展画屏”“飘绿霏红都过了，是真天女散花时”等等，描绘了香山红叶从最初变红直至全盛等不同时期的景致。据传有一年深秋时节，乾隆皇帝为观赏香山红叶特驻跸静宜园多日，把观赏红叶的好地方都巡游了一遍。他越看越觉得今年的红叶非同往年，于是特请母亲崇庆皇太后到香山游赏，并专门陪母亲到“绚秋林”赏红叶，随后写下《重阳日奉皇太后香山登高》一诗。可惜 1860 年，绚秋林毁于英法联军之手，仅留基址和镌题的“叠翠”石刻。香山公园于2014年开始复建，2015年竣工。每逢深秋时节，此间黄栌叶红，其间杂以柿、枫等树，如火似锦，绚丽如彩锦，故而得此佳名。

雨香馆亦为静宜园二十八景之一，位于玉乳泉西、绚秋林的西北，由雨香馆、翠微山房、洒兰书屋、林天石海、爬山游廊、揽秀亭等景点建筑组成。乾隆皇帝以“雨之德利农桑”为香而命名。雨香馆以观赏雨景为最佳。山雨来时，青苔花草芬芳扑鼻，沁人心脾，因而得名。雨香馆面阔五间，后出抱厦三间。南、北两侧有叠落游廊通往上面的翠微山房和洒兰书屋。院后南侧有“林天石海”殿宇三楹，经游廊转向西南可达一座四方攒尖顶过河亭，名曰揽秀亭。咸丰十年（1860年）雨香馆被英法联军焚毁，附近山石上尚存乾隆御笔石刻“削玉”“翠云堆”“屴屏”“卓笔”“留青”等。1931年银行家冯耿光将其改建为别墅，原有石板瓦顶的砖石结构平房六间，作为其挚友的梅兰芳常常应邀在此小住。1971年别墅被拆除，1973年和1974年改造后成为上下两个平台遗址。2014年开始复建，2015年8月完成翠微山房、洒兰书屋、林天石海、爬山游廊、揽秀亭等建筑的修复，雨香馆因殿基上有滋生了百年以上的柏树，故此暂未复建。

晞阳阿为静宜园二十八景之一，名源于屈原《九歌·少司令》之诗句：“与女沐兮咸池，晞女发兮阳之阿。”原建筑由晞阳阿、延月亭和朝阳洞等组成。东下方石壁上刻有八首乾隆的御制诗，

▲ 玉乳泉

▲青未了

▲ 绚秋林

▲ 雨香馆林天石海

▲ 栖月崖

▲香山寺“西山首游”牌楼

至今刻字清晰，原貌犹存。晞阳阿于 1860 年被英法联军焚毁，2014 年开始按原样复建晞阳阿、爬山游廊、观音阁及延月亭，2015 年 10 月复建完工。

栖月崖，位于森玉笏东北，建于清代，为静宜园二十八景之一。原为三间厅室，乾隆以此山川佳胜，取郦道元《水经注》中“岭纡曦轩，峰驻月驾，斯崖有焉”之意，命名栖月崖。原建筑由乐此山川佳、得趣书屋、倚吟殿等建筑组成。栖月崖附近的山石泉水、奇松古树所构成的自然景观美不胜收。乾隆最爱在仲秋长空如洗、蓝天银碧之时登高赏月。1860 年，栖月崖被英法联军焚毁，民国时期改建私人别墅，并更名“栖月山庄”。1958 年、1986 年，香山公园先后修缮，对部分建筑进行修复。

重翠崦为三间歇山式殿宇，另有配殿一座三间、方亭一座，其东侧有泉（寿康泉）溢出，建龙王庙一座，俗称玉华四院。重翠崦于 1860 年被毁。民国年间这里曾为天津实业界知名人士庄乐峰的私人别墅，院内基本保持清代原有格局。虽然早已颓败，但庙内尚有神台，庙内后墙壁绘有墨龙一条，砖龛一座。龙王行云布雨的壁画也依然可见，香山公园于 2015 年复建。

致远斋位于勤政殿的西北，属于勤政殿建筑群，由致远斋、韵琴斋、听雪轩三部分组成。始建于乾隆二十六年（1761 年），是乾隆皇帝理政办公之处。史料记载乾隆在位 60 年，曾 80 余次来到香山，在致远斋驻跸时间长达 253 天，乾隆“十全武功”中绝大部分决策都是在这里完成的。致远斋庭院占地面积3430平方米，建筑面积达723平方米。1860年、1900年的两经浩劫，致远斋成为残垣断壁。1956年，残存的听雪轩经修整，保留至复建前。2013年11月，在北京市文物局、北京市公园管理中心、海淀区政府的共同支持下，致远斋、韵琴斋、听雪轩文物保护工程启动。据北京市文物局专家王玉伟介绍，修缮依据清朝的史料地图和画册进行，“致远斋不能叫‘复建’，应该叫‘修复’，因为地基、台阶、瓦砾、残垣断壁都在，是原汁原味修复。”王玉伟表示，“历史遗存长时间暴露在外，都会被腐蚀、风化，日久天长就会消失。修复实际上是对古建的另一种形式的保护。”致远斋包括彩画、环境整治等修复工程，采用传统工艺进行，建筑形式完全延续清乾隆时期的形制。修复时参考了清乾隆时期张若澄所绘《静宜园二十八景图》《静宜园全图》及晚清、民国时期的老照片等资料。2015年8月7日，致远斋以历史原有的风貌向游客开放，举办《皇家雅集展》《香山自然与人文特色展》等展览。游客来此不仅可以欣赏到清朝皇家办公、书房等样式，还可以看到郎世宁的《驯鹿图》等目前藏在台北故宫的文物复制品。致远斋的建成，标志着静宜园二十八景中的首景勤政殿建筑群历经12年复建完工。

香山寺占地面积约55000平方米，总建筑面积约2961平方米，具有“前街、中寺、后苑”的独特风格，规模雄伟、盛极一时，曾是西山诸寺之冠，有京西首寺之称，也是香山静宜园的核心景观，是中国古典禅寺与山地园林的完美结合，它的历史价值、艺术价值、美学价值、人文价值在国内实属罕见。永安寺在咸丰十年（1860年）被入侵的英法联军焚毁，光绪二十六年（1900年）再遭八国联军破坏，最终变为一片废墟。寺庙地基上瓦砾遍地、杂草丛生。除了几重台基、数块残碑和散落无序的柱础外，已所剩无几了。满寺的古松柏，已把千年古刹融化为山的一部分。从20世纪80年代起，香山公园每年都从寺庙上清理渣土，陆续恢复了部分庙宇的台阶。多年来复建香山永安寺是香山人的梦想，从20世纪80年代开始，香山公园就着手永安寺的复建调研工作，香山人把复建香山永安寺及二十八景当作首要的任务。香山首先对佛殿区进行了初步清理整修，并对游人展示开放，成为香山公园内一处重要文化景区。2008年复建进入论证阶段，并进行了大规模的考古。香山对香山寺后苑进行环境清理，清理出大量瓦件、砖雕、柱顶石等建筑构件，原建筑格局现已基本廓清。复建永安寺将以最大限度保护其历史信息并再现香山永安寺清乾隆时鼎盛时期的宏伟风貌。参与复建的团队首先进行了原址考古发掘，发掘出一砖一瓦，都将直接运用到复建当中。不能用的也要待复建后在原地保留，作为展示。这样做都是为了最大限度地保留历史信息。香山寺复建的依据，首先是对现状遗迹、地基、构件的考古发现，另外还有一些文献资料，如陈设档案、皇帝的起居记录等，此外还有两幅界画也是重要参考。这两幅界画分别是《静宜园二十八景全图》和《静宜园全景图》，前者正是清三朝元老、军机大臣张廷玉之子张若澄所画。画卷中对二十八景皆有小字榜题，详尽地交代出每一处景点的位置布局，是今人研究静宜园的重要资料。在对香山寺遗址的考古过程中，勘探整理出 2 万余件石碑、塔座、琉璃瓦等构件，其中，还挖掘出主殿圆灵应现殿屋脊上的龙形五彩琉璃瓦件，这些发掘出的构件都要被用在香山寺的复建上。

经过文物、建筑专家的反复论证，确定了北京建工建筑设计公司设计的复建方案，2012 年 5 月 29 日香山永安寺复建正式启动，香山永安寺复建工程投资计 2 亿元，由北京房地集团古建公司负责施工。除原有的买卖街不能被修复外，香山寺修复采取全面恢复的原则。工程分为三期实施。复建的主要内容包括：一是在香山永安寺院落原址修复建构筑物，包括文物建筑 22 座，建筑面积 3021 平方米，台阶、甬道、院墙、假山、幡杆等文物构筑物占地面积 6603 平方米及挡土墙砌筑、跨沟小桥整治、渣土外运等历史环境恢复整治工程；二是进行岩土加固（含护坡墙修复）；三是进行配套道路、绿化、给排水、电力、消防、安防、市政管线等相关基础设施建设；四是恢复造像和陈设。复建工程历时四年，2017 年已全面完成，于 11 月 28 日对公众开放。永安寺的复建完成，是香山历史人文景观经过 150 多年来的圮废时期，到此基本得以恢复静宜园在乾隆盛世时的景观，香山静宜园如凤凰涅槃，浴火重生。竣工后的永安寺再现了鼎盛时期（清乾隆）宏伟、独特的历史原貌，向广大游客展示开放。修复后的香山寺成为北京建设全国文化中心的重要标志。

佛教三宝佛、法、僧。修复的香山寺，各大殿如何陈设布置，对于非宗教系统的公园，如何满足广大游客日益增长的精神文化需求，展陈展览如何做，是个学问，是个考验，既要符合皇家寺院雍容华贵、殊胜庄严的风貌，又要符合国家公园公众开放的游览功能。针对部分原状展陈首先是供奉佛像，佛像的断代以清中期的风格为主，在设计前期走访、参考、测量承德、故宫、大觉寺、碧云寺等处明清两代的佛像。如果说风格、色彩、质地、工艺是时间上的设计，那殿堂空间的布局展陈就要统筹考量了，做到三个协调，即佛像与建筑本体的协调，佛像之间像与像的协调，满堂佛像的一致性，同时考虑佛像与供器相协调，此外还要兼顾佛像、供桌、拜垫与游客参拜游览的关系，达到最佳的适宜角度和位置，香山寺共计复原佛像 29 尊，楹联匾额 35 幅。

同时依据清乾隆及嘉庆年间陈设档案的记载，参照《佛造像度量经》及同时期造像风格，确定各殿堂所供佛像。圆灵应现大殿神台上供奉的三世佛，从香山寺出土的琉璃垂脊兽座所刻“三佛殿”的字样，再次证实大殿供奉的是三世佛，大殿两侧供奉十八罗汉，有清中期风格的八面七层木塔，还有各殿画龙点睛的楹联匾额等。

2019年完成霞标磴的修复。

2020年对芙蓉馆、森玉笏进行修复，芙蓉馆民国期间曾作为周作人的私人别墅之用，遗址上高台阶建起的五间正房，连带游廊及四间厢房，院内有一小池塘，古朴雅致。芙蓉馆的厢房曾作为管理用房，正房年久失修，破败不堪，时逢盛世，列入静宜园二十八景二期工程，于2020年修复，复建了依靠山崖高台台阶的二层楼，楼虽未题字，但在东北面山石上御笔石刻“芙蓉坪”三字，虚实结合，颇有情趣，连接游廊有重檐四角方亭“寄幽心”，与西配殿对望，呈围合之状。芙蓉坪布局犹为独特的是在东侧围墙外设“静如太古”敞厅一座，俯瞰下方来路，又与庭院暗合呼应。

森玉笏景区有五间超然堂、三间旷览台、三间碧峰馆及一座二方相连环的胜亭。联方的胜亭是乾隆为庆祝平准噶尔、定回部、扫金川、靖台湾等地之所，每每取得胜利，都会在此作诗纪述。同时取意“万笏朝天”，一统江山、社稷永固之意。森玉笏的修复，伴随着油漆彩画竣工、脚手架的拆除，静宜园二十八景的复建宣告进入一个新阶段，香山将进入一个服务公众的新时代。

宗镜大昭之庙简称昭庙，始建于乾隆四十五年（1780年）七月，为迎接西藏六世班禅来京而建，故世人称为班禅行宫，占地面积9100平方米。乾隆四十五年九月十九日，宗镜大昭之庙开光。六世班禅额尔德尼·罗桑巴丹益喜来到香山静宜园，在其行宫内休息，是见证亲密，民族团结的象征。1860年、1900年先后两次遭到英法联军和八国联军的焚毁，昭庙残存无几，只留下红台、白台基础、琉璃牌坊和琉璃塔等遗迹，还有乾隆四十五年（1780年）镌刻昭庙六韵碑，上面的文字记述着那段历史。遥想当年的昭庙，金碧辉煌、巍峨雄伟，乾隆在庙内赠给班禅大师金手杖、金如意、珍宝等法器饰物，庙内陈设的佛像供器近2万件，其中金银珠玉佛像塔龛就有1000多件；皇帝大臣书写的画匾、法帖、挂轴、经卷近6000件。

1920年香山慈幼院成立，利用昭庙旧址增建了一些建筑，辟为红十字会香山医院。1948年中共中央从西柏坡迁驻香山，昭庙由中共中央秘书处使用。1956年以后，昭庙先后作为疗养所和香山别墅接待国内会议的用房。2008年，昭庙修缮工程开始提出。2009年香山公园进行昭庙遗址周边的廓清、勘察，以及流散琉璃件和建筑构件的收集工作。2010年，经专家反复论证，认为应该拆除白台、红台上的民国建筑，恢复清代昭庙的格局。8月24日，举行了昭庙修缮工程的启动仪式。昭庙的修复工程分为三期，一期是清理周边的遗迹，拆除民国等各个时期在昭庙上建起的建筑物。9月初，完成了白台、红台上的民国时期建筑的拆除工作，亮出清代建筑的遗址。二期是修缮琉璃塔、琉璃牌楼、月河、红台、白台裙房和清净法智殿，2010年6月工程启动。三期是修复红台

▲ 香山寺圆灵应现大殿

▲香山寺眼界宽

▲ 霞标磴

▲香山寺后苑

▲ 昭庙琉璃牌楼

▲ 芙蓉馆

▲ 静如太古

▲昭庙鸟瞰

上的四智殿。昭庙复建工程总投资达4000万元，整体修缮完工需要3到5年时间。2010年，在经过文物清理、遗址清查、专家论证的两年之后，5月开始动工。民国时期添建的医院建筑被全部拆除。2011年10月一期修缮完成。2012年9月底，香山昭庙修缮（一、二期）工程完工，向游客开放庙前、白台等部分景区。游客可在昭庙院内观看到国内独一无二的采用鱼鳞贴金铜瓦形式的雄伟建筑——清净法智殿；整修一新的昭庙白台；在琉璃牌楼前可观赏到气势恢宏的四根16米高独木制成的玛尼杆；规制极高的汉藏内容兼具的彩画，以及整修一新的月河等景观。至此，庙外周边、白台都已开放，2019年完成碑亭和裙廊修复。

经过60年的不懈努力，香山静宜园逐步再现清乾隆鼎盛时期皇家园林风貌，香山静宜园二期的修复及完整性格局的推进将展现辉煌时期的完整建筑格局和绚丽风采。

红色革命旧址

毛泽东在思考如何跳出历史周期律，早在延安时期，就与黄炎培探讨过此事，中国历史上有“五世而斩”前鉴，富不过三代，富者不能恒富，强者历数世而衰，纵观历史朝代更迭兴替，无非是骄、奢、淫、逸。傲慢自大，奢靡浪费，不思进取，长此以往，国家焉有不亡，家族焉有不衰。老一辈革命家以身作则，率先垂范，贯彻七届二中全会精神，香山作为中共即将从革命党走向执政党过渡期间的工作和居住场所，艰苦朴素得到充分体现。

记住这个地方，香山曾作为中共中央北京纪念地旧址，本该让世人皆知，不能忘却的红色革命历史，那段波澜壮阔，为新中国奠基的历史，影响了中国，影响了世界的香山。香山双清别墅就作为全国爱国主义教育示范基地，担负着爱国主义的宣教工作，但知名度和影响力有限，时逢新中国成立 70 年，香山本着“尊重史实、修旧如旧，原貌恢复、原状陈列，大事不虚、小事不拘”的原则进行复原陈列。

机遇往往留给有准备的人，在 2012 年公园与北方工业大学对香山慈幼院为代表的近代民国建筑进行现场勘测、资料收集、建筑保护研究与设计等各项工作。伴随着研究的深入，香山从近代的教育场所转到中共中央革命纪念地，其地位和价值非同一般，尤其是中国共产党从嘉兴红船、井冈山、遵义、延安、西柏坡到香山一路走来，在未进北平之前，香山作为一个重要的纪念地，在军事、经济、外交、建国等方面作出了无与伦比、卓越显著的贡献。可以说，这里孕育了新中国。

香山近代建筑大多是在静宜园旧址上兴建的，保留了景点庭院的基本布局，与自然山地融为一体。民国期间“西风东渐”思潮渐盛，熊希龄邀请德国建筑师库尔科·罗克格设计慈幼院校舍，且一些私人别墅的设计施工也由其承办，舒缓温婉的坡屋顶代替

▲ 双清别墅秋景

▲ 小白楼水磨石地面

▲ 卷草纹的三角山花

▲ 小白楼转角楼梯

▲ 小白楼办公桌

了飞檐翘角的中式古建，灰砖、白墙、拱窗与柱廊结合透着典雅古朴，台基的小青石和隐藏在墙体的大灰砖，还遗留着静宜园往日的辉煌。双清别墅卷草纹的三角山花和两侧的涡卷装饰，彰显着巴洛克风格。小白楼的精美水磨石地面和铜制开窗插销，体现了近代西方建筑工艺水平。开敞的公共空间与适宜的居室相得益彰，香山近代的建筑风格中西合璧，杂糅折中，极具时代特征。

按照 1949 年建筑的总体风格，2019 年公园对 8 处中共中央北京香山革命旧址进行了修复，同时参照 1949 年建筑的使用功能和部署安排，根据统一供给制度，参照同级人物、同类革命遗址、纪念场馆的原状陈设，分设 8 个单元，展陈 9495 件展品，对 8 处遗址建筑按照原状进行陈列，更加直观地展示历史原貌，同时辅以历史照片和相关资料，再现了老一辈革命家在香山办公、生活的场景。

毛泽东同志办公居住地——双清别墅、防空洞。双清别墅中一切都是按照原样陈设，正中是会客室，东侧是办公室，西侧是卧室。办公室墙上挂着《中国解放区形势图》和《最新北平大地图》，桌子上的老式电话、台灯、笔墨等仍照当时面貌陈列，室内的写字台、转椅、沙发、藤质书架均按原样布置。这些家具有 12 件是 1979 年由中南海毛主席故居送来的，还有一些是 1993 年办毛主席百年诞辰纪念展时捐赠的。毛主席床头的铜台灯，是当年的摄影师侯波、徐肖冰夫妻所赠。据他们回忆，毛主席当时使用的铜台灯与他们家中保存的一模一样，因此在布展时，侯、徐夫妻捐出了铜台灯。庭院的红亭子中的藤桌、瓷鼓是根据李银桥的回忆布置的，其中瓷鼓是毛泽东当年坐过的。毛泽东曾在亭中会见过许多爱国民主人士，与他们倾心交谈，共商建国大计。这里也是毛泽东与家人生活的地方，他曾同爱子毛岸英坐在瓷鼓上亲切交谈。

双清别墅院内西侧是“毛泽东同志在香山”展览室，面积大约 150 平方米，展室入口处是习近平总书记在毛泽东同志诞辰 120 周年座谈会上的部分讲话内容：“毛泽东同志毕生最突出最伟大的贡献，就是领导我们党和人民找到了新民主主义革命的正确道路，完成了反帝反封建的任务，建立了中华人民共和国，确立了社会主义基本制度，取得了社会主义建设的基础性成就，并为我们探索建设中国特色社会主义的道路积累了经验和提供了条件，为我们党和人民事业胜利发展、为中华民族阔步赶上时代发展潮流创造了根本前提，奠定了坚实的理论和实践基础。”

在院子东南方山脚下的台地上，有一个专门为毛泽东修筑的防空洞。此洞是中国人民解放军第四野战军第二团三营筑造的，在主席到达双清别墅的前十天竣工。防空洞呈马蹄形，总长 46.25 米，洞内设有两个隔间，是作为临时办公用的。施工部队出于对自己领袖的热爱，在洞口上方写上：“毛主席万岁！朱总司令万岁！”毛泽东看后指示工作人员，将它涂掉。

当时北平的敌情相当复杂，青岛没有解放，敌人的空军随时可能飞往北平进行轰炸，而我们的军事力量还很薄弱，没有空军，因此只能地面防空。除了修建防空洞外，当时防空小组长刘亚楼还把从国民党手中缴获的，可以拆卸的三架高射炮放在香炉峰上防空。

防空洞是由水泥修建的，已经历了50多年的历史考验，依然相当坚固，不愧为甲级工程。防空洞安全、坚固，“U”形，拥有两个出口，通风良好，入口处有挡水槽，内部有排水槽。

双清别墅作为全国爱国主义教育示范基地闻名天下，而来青轩、思亲舍、多云亭、小白楼、丽瞩楼、镇芳楼、镇南房、双清别墅东侧平房等中共中央香山革命旧址建筑，经过整修、布展，面向公众开放，生动地再现了1949年中共中央香山时期的革命工作和生活。

朱德、刘少奇、周恩来、任弼时同志办公居住地——来青轩，这个幽静的台地院落，进门两侧平房为管理用房，上台阶，有开敞平台，坐北朝南一排平房和东西厢房，东侧为朱德和康克清办公居住地，西侧为任弼时和陈宗英办公居住地，当时考虑朱德年岁长，任弼时身体不好，故安置在中间部分。比邻东侧台下为刘少奇和王光美办公居住地。周恩来与邓颖超当时也住在香山，但由于工作繁忙，经常进城办公，西面台地为周恩来和邓颖超办公居住地。

▲ 双清别墅防空洞

▲ 来青轩——朱德、刘少奇、任弼时、周恩来办公驻地

▲ 小白楼外景——中宣部图书馆

▲ 思亲舍——中宣部驻地

▲ 多云亭——中宣部办公地

▲ 镇南房——中共中央机要处

▲ 中共中央 259 电话局

▲ 统一供给的会客厅

▲ 任弼时办公室

▲ 周恩来办公室

▲ 任弼时、陈宗英卧室

▲ 朱德、康克清卧室

在布置革命旧址的院落时，周总理喜欢海棠树，就在来青轩院内种植了一些海棠树；当年中央警卫处院内有个小菜园，在院内西南开辟小菜园，并根据季节种了些和当年一样的辣椒等蔬菜品种。在中共中央警备处的庭院布置了 1949 年 3 月 25 日毛主席在西苑机场阅兵时乘坐的同款威利斯吉普车。

八处革命旧址内的所有展品大到双清别墅内的办公桌、沙发等，小到一根铅笔、一盒火柴等，都经过布展人员反复斟酌和比对，才陈列展示，如橡皮、铅笔等物品上的商标、火柴盒上印制的文字几经考证。按照中共中央实行配给制原则进行室内布展，各个领导人的办公和生活用品、家具基本上是一样的。根据一些史料记载及走访前辈回忆内容，进行了针对性和差异性地布展。如餐桌上放的食物，毛主席的餐桌上放了一碗他喜欢吃的红烧肉，但当年生活很艰苦，毛主席也不能经常吃到红烧肉。

来青轩各房间中的用品也不尽相同。任弼时的餐桌上放了几个苹果，因为当时任弼时身体不太好，医生让他每周有一天只能吃苹果。毛主席也非常关心任弼时的身体，1949 年 6 月 9 日，他给任弼时写信，信中写道：“送上红鱼一群，以供观赏。敬祝健康！”任弼时卧室放着一辆自行车，那是他孩子当时所用的。朱德住所悬挂朱德与康克清在香山眼镜湖的合影，房间布置的折叠椅，是在孟良崮战役中缴获的战利品。周恩来的房间中有个收音机，也是在孟良崮战役中缴获的。周总理桌子上放的小风扇，造

▲ 中共中央机要处办公室

▲ 中共中央机要处电报室

▲ 中宣部集中办公区

▲ 秘书办公室

型很简陋，外壳只有几根歪歪扭扭的铁丝，里边是四片扇叶，这也是缴获的战利品，曾一直用到20世纪70年代。

香山公园的其他几处革命旧址也各有特色，香山专用电话局里摆放着当年的插线电话、电话交换机；小白楼里是中宣部图书馆，展出的旧图书都是根据当年的目录展陈。

此外，1949年中共中央主要机关也驻在香山，如编译局在玉华山庄，中央政策研究室、新华社总编辑部、中央军委作战部第一局在香山饭店，中共中央办公厅在香山别墅，马列学院在碧云寺，秘书处、中央直属机关党委在昭庙。

谱写新篇章

2019年9月12日下午的秋天，晴空万里，喜庆祥和。习近平总书记从中南海乘车来到位于北京西郊香山公园内的香山革命纪念地视察。习近平总书记首先来到双清别墅，瞻仰毛泽东同志当年办公居住的地方。修缮一新的双清别墅，保持了原有风貌，绿树成荫，格外幽静。别墅内，办公室、会客室、卧室、饭厅的家具陈设，床上的书籍和墙上的《中国解放区现形图》《最新北平大地图》等的摆放，都一如原样。习近平总书记仔细察看，不时询问历史细节，对别墅的维护、修缮和文物保护表示满意。接着，习近平总书记步行来到不远处的来青轩，瞻仰了朱德、刘少奇、周恩来、任弼时同志的办公居住地，同大家一起缅怀老一辈革命家当年在香山工作生活情况。

视察结束，习近平总书记感慨万千，发表了重要讲话。他表示，1949 年 3 月 23 日，中共中央和毛泽东同志离开西柏坡前往北平，25 日进驻北京香山，这里成为党中央所在地。在这里，毛泽东、朱德同志发布向全国进军的命令，吹响了“打过长江去，解放全中国”的伟大号角，中国人民解放军以摧枯拉朽之势向全国各地胜利大进军，彻底结束了国民党在大陆的统治。在这里，毛泽东同志发表了《论人民民主专政》，为新中国的建立奠定理论基础和政策基础。在这里，中共中央同各民主党派、各界人士共同筹备中国人民政治协商会议，制定通过了起到临时宪法作用的《中国人民政治协商会议共同纲领》，确定了新中国的国体和政体，制定了一系列基本政策，描绘了建立建设新中国的宏伟蓝图。

习近平总书记指出，中共中央在北京香山虽然只有半年时间，但这里是我们党领导解放战争走向全国胜利、新民主主义革命取得伟大胜利的总指挥部，是中国革命重心从农村转向城市的重要标志，在中国共产党历史、中华人民共和国历史上具有非常重要的地位。

习近平总书记总指出，我们缅怀这段历史，就是要继承和发扬老一辈革命家“宜将剩勇追穷寇，不可沽名学霸王”的革命到底精神，不断增强中国特色社会主义的道路自信、理论自信、制

▲ 旭日朝霞（王静亚摄）

度自信、文化自信，勇于进行具有许多新的历史特点的伟大斗争，坚决战胜前进道路上的各种艰难险阻，使“中国号”这艘巨轮继续破浪前进、扬帆远航。

习近平总书记指出，我们缅怀这段历史，就是要继承和发扬老一辈革命家坚持立党为公、执政为民的革命情怀，始终赢得人民的衷心拥护，始终保持同人民群众的血肉联系，始终把人民对美好生活的向往作为奋斗目标，紧密团结各民主党派和各界人士共同创造更加美好的生活。

习近平总书记指出，我们缅怀这段历史，就是要继承和发扬老一辈革命家谦虚谨慎、不骄不躁、艰苦奋斗的优良作风，始终保持奋发有为的进取精神，永葆党的先进性和纯洁性，以“赶考”的清醒和坚定答好新时代的答卷。

时代是出卷人，共产党人是答卷人，人民是阅卷人，唯有不忘初心，牢记使命，继续把新中国巩固好发展好，才能不辜负先辈奠基的新中国。

传播文化

香山伴随着二十八景的修复和中共中央北京香山革命旧遗的建设，步入了一个崭新的时代，被世人重新审视，肩负着政治性、公益性和教育性的时代使命。香山由认知洼地变成文化高地，历经了几代香山人不懈努力，不懈奋斗，他们才是最可爱的人。

香山深厚的文化底蕴和巨大发展潜力日益凸显，正面临着“生态香山”向“文化香山”发展战略的重大转变。真实展现香山各时期历史风貌，让历史文化与自然生态永续利用，与现代化建设交相辉映，香山这座皇家御园和红色革命圣地的价值不断得到社会各界的认知与世界共识。让我们继续创新发展，传播香山文化，弘扬中华民族“天人合一”“道法自然”“革命情怀”的精神，共同维护人类共有的精神家园，传承中华民族博大精深的文化，传播中华民族悠久灿烂的文明。

香山作为涅槃重生的皇家御园，作为为新中国奠基的革命摇篮，将向世人展现自然和谐的生境、水墨丹青的画境、恢宏壮美的意境。让我们共同感触中国哲学的独特魅力，让我们共同感悟中华民族的精神世界，让我们共同谱写新时代文明实践中心的华美篇章。

后　记

香山一山一园，悠悠千载，历经兴衰荣辱，演绎了无数的传奇。即将付梓，心怀忐忑。文以载道，唯心相传，在香山深感修为还不够，还需不断自省、不断自觉、不断自修。

香山是多元文化的积聚，拥有林泉生态、寺庙园林、皇家御园、慈善教育、红色圣地五大文化板块，本文采取经纬两条线索阐述，以分类切块方式撰写，难免挂一漏万，各篇章只是蜻蜓点水，尚未深度解读，有待读者慢慢品味，更加关注、关爱香山。

人生总该留下点什么，或许什么也不用留，也可能是记忆，也可能是憧憬，也可能就是只争朝夕，在有限的生命里，尽其所能做点什么。香山再好的环境，也需有识之人认之，有为之人作之，有德之人修之，才不辜负这神奇的地方赋予的一切。

时值新冠肺炎疾情肆虐，才知世上哪有岁月静好，只是有人为你负重前行。向逆行之人致以崇高的敬意，期盼你们平安归来，安然无恙。香山依然山花烂漫，为你绽放。唯有寂寞不语，踏着前人足迹，汲取古人智慧，继承红色基因，融化入自己血液，不断地优化自己的基因序列，沿着既定的目标，在心路历程中不断逐梦前行。

香山步入新时代与国家的强大息息相关，不仅是靠历史赋予的机遇，还靠香山人的韧劲和来自内心的力量。那力量，来自德、来自才、来自深厚的底蕴、来自无私的奉献。

在香山这个神奇的地方，一切都那么神奇，而更为神奇的是，你竟然也会成为这陌生而似曾相识的美景中的一部分。纵有风景无限，也不抵置身香山一隅，沉浸于此，身无所驻，心无所怠，意无所忧。

此书虽然不完美，但我很珍惜，残缺的美也是一种别样的美，如同生活一样，心完美了，世界就完美了。所有的修炼，就是拥有一颗爱心。在电子阅读的时代，看书成了一种奢侈，我记得有位朋友跟我说过“书中哪怕有一句话对你有用，就够了”，但愿书中的知识点或某句话对你有点小用，填充闲暇，产生共鸣，息息相通，心心相印就足矣了。

构思撰稿期间，得到出版社责任编辑葛忠雨的热情帮助，得到恩师孟兆祯、吕宇斐、易洪波的悉心指点，得到各级领导和相关同事们的大力支持，还得到牛贯杰、傅凡、毛敢为、钱乐观、段君、田伟、张忠建、贺伟、向昌秀、韩静霆等友人的倾力慰勉，在此一并表示诚挚的感谢！

还有默默支持我的家人，仅以此书献给我爱的人和爱我的人，让您们久等了，深表歉意！是你们的鼓舞和鞭策，才让我不懈努力，才让我学无止境，才让我砥砺前行。

鉴于认知维度有限，书中难免有所谬误，敬请读者赐教。

2020 年 2 月

图书在版编目（CIP）数据

香山 / 高云昆著. 一北京：中国工人出版社，2020.4

ISBN 978-7-5008-7403-4

Ⅰ. ①香… Ⅱ. ①高… Ⅲ. ①香山 - 介绍 Ⅳ. ① K928.3

中国版本图书馆 CIP 数据核字（2020）第 057632 号

香 山

出 版 人　王娇萍

责任编辑　葛忠雨

责任印制　黄　丽

出版发行　中国工人出版社

地　　址　北京市东城区鼓楼外大街 45 号　邮编：100120

网　　址　http://www.wp-china.com

电　　话　（010）62005043（总编室）　（010）62005039（印制管理中心）

　　　　　（010）62379038（社科文艺分社）

发行热线　（010）62005049　（010）62005042（传真）

经　　销　各地书店

印　　刷　三河市万龙印装有限公司

开　　本　880 毫米 ×1230 毫米　1/32

印　　张　10

字　　数　240 千字

版　　次　2020 年 6 月第 1 版　2024 年 3 月第 3 次印刷

定　　价　78.00 元

故宫

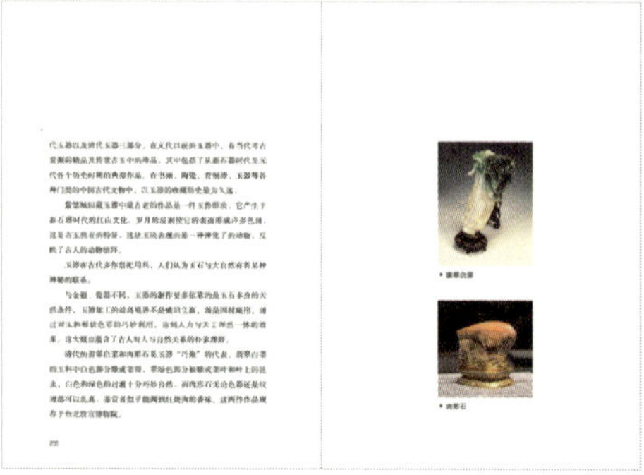

颐和园

圆明园

香山

国子监·孔庙